가슴으로 시 읽기

시명상

가슴으로 시 읽기

이강선 지음

멈춤과 깨어있음의 미학

솔과학

추천의 글

시명상은 놀라운 원고입니다.

나는 오랫동안 시를 읽었고, 시를 좋아하면서 시와 함께 해왔다고 생각해 왔습니다. 그러나 이 선생님의 원고를 읽으면서, 지금까지 내가 정말 시를 사랑했는가라는 물음에 고개를 저을 수밖에 없었습니다.

빠르게 한 번 읽었지만 다시 찬찬히 반복해 읽으면서, 시명상을 실제로 경험하면서 읽을 생각입니다. 이렇게 소중한 책을 출판되기도 전에 읽을 수 있게 해주셔서 정말 고맙습니다.

– 〈김재성, 『미로, 길의 인문학』 저자 · 시인, 동명공단부이사장〉

시는 삶과 자연이 품고있는 의미를 가장 적절한 의미로 전달해주고 있어서 시를 읽으면 즐겁기도 하지만 때로는 숙연해지기도 합니다.

이강선 교수님은 그런 좋은 시들을 골라서 마음챙김 하여 시명상을 하고, 그 느낌과 의미를 전달하는 글을 씁니다. 글들은 마치 산문시 같아서 아름답지만 명쾌합니다. 그런 글들을 모아서 『가슴으로 시 읽기: 멈춤과 깨어있음의 미학』이란 책을 냅니다. 그는 이 책을 통하여 명상에서 하나의 독특한 장르를 열었습니다.

– 〈윤종모, 『치유명상 5단계』 저자 · 전 성공회 주교〉

명상이 비언어적이고 무심한 고요 속으로 이끈다면, 시 읽기는 언어와 감성을 통해 고요를 깨운다.

저자는 이 복잡한 시대, 마음의 쉼과 활력을 얻고 싶지만 명상이 낯설게 느껴지는 이들에게 '시명상'이라는 친숙하면서도 새로운 길을 안내한다.

시를 통해 '지금 여기', '있는 그대로 보기', '초심자의 마음', '수용', '연민', '통찰' 등 명상의 핵심 요소들을 자연스럽게 풀어나간다.

저자의 문학적, 철학적 깊이와 오랜 명상 내공이 어우러져 독자를 자연스럽게 또 하나의 피안, '깨어 있는 감성의 세계'로 인도한다.

– 〈함영준, 『우울탈출법』 저자 · 마음건강 길 대표〉

시와 명상이 만나는 자각의 길목에서

 -『시명상: 가슴으로 시 읽기』를 읽고

『시명상: 가슴으로 시 읽기 - 멈춤과 깨어있음의 미학』은 단지 시를 감상하고 명상을 안내하는 책이 아니다. 이 책은 고통과 치유, 동일시와 자각, 언어와 침묵이 맞닿는 경계 위에서, 우리 존재의 본질을 다시 돌아보게 하는 '치유의 책'이다. 이강선 저자는 시와 명상이 만나는 그 길목에서, 언어와 감정, 기억과 몸의 반응이 어떻게 서로를 일깨우고 해체하며, 결국 평온에 이르게 하는지를 섬세하게 짚어낸다.

동일시의 착각과 인연의 실상

삶의 고통은 대부분 동일시의 착각에서 비롯된다. 몸과 마음, 감정과 기억, 심지어 우리가 '나'라고 부르는 존재조차도 실체가 아닌 인연화합의 결과일 뿐이다. 그러나 우리는 그 인연의 흐름 속에서 '고정된 나'를 상정하고, 그 '나'가 느끼는 감정과 생각에 집착하며 살아간다. 이 고정된 동일시가 곧 고(苦)의 시작이며, 그것이 반복될 때 우리는 무명(無明)의 굴레에서 벗어나지 못한다.

『시명상』은 바로 이러한 동일시의 패턴을 다정히 마주하게 한다. 시를 읽는 순간, 그 시어들이 불러오는 기억과 감정이 되살아난다. 그러나 저자는 그 감정을 단순히 '느끼는 것'에 머물지 않고, 그것을 '관찰하는 것'으로 전환시킨다. 시는 감정의 흐름을 언어로 불러오고, 명상은 그 언어를 가만히 바라보는 침묵으로 감싸 안는다. 이 두 작용은 결국 동일시의 환상을 드러내고, '모든 것은 인연화합의 드러남'이라는 실상을 자각하게 만든다.

시와 명상의 상호작용 – 감정의 객관화에서 자각으로

시명상이란 말 그대로, 시를 통해 명상하는 것이다. 그러나 그것은 시를 분석하거나 감상하는 일이 아니다. 시는 곧 '나의 감정'을 되비추는 거울이 되고, 명상은 그 거울을 들여다보는 고요한 앎이다. 시를 읽으며 무심히 스쳐갔던 기억, 잊었다고 믿었던 상처, 사무치던 그리움이 떠오를 때, 우리는 그 감정들을 다시 동일시할 수도 있고, 혹은 그것들을 인연 따라 떠오른 것으로 받아들일 수도 있다. 이때 명상은 두 번째 길을 열어 준다.

명상의 핵심은 '멈춤과 깨어있음'이다. 멈춘다는 것은 동일시의 흐름에서 한 발 물러나는 것이고, 깨어있음이란 그 흐름을 '앎'의 자리에서 바라보는 것이다. 시명상은 그 둘을 통합한다. 시의 언어는 감정을 드러내고, 명상의 태도는 그 감정을 붙들지 않고 지나가게 한다. 그렇게 우리는 자꾸만 '나'라고 착각했던 내면의 이야기들을 놓아주고, 인연화합의 드러남을 '그대로' 알아차리는 자각으로 나아가게 된다.

근본자각의 가능성과 한계 – 시명상에서의 수행

『시명상』은 시와 명상이 가진 본질적인 가능성을 충실히 다루면서도, 그 한계를 정확히 짚어낸다. 언어는 근본자각을 드러내기 위한 도구일 수도 있지만, 자칫하면 또 다른 동일시의 수단이 될 수 있다. 감정은 자각의 계기일 수 있으나, 다시 빠져들면 고통의 소용돌이가 된다. 이 책은 시명상이 그 경계에 서 있음을 분명히 한다.

그러나 그럼에도 불구하고, 시명상은 수행의 훌륭한 통로가 된다. 왜냐하면 이 책은 감정에 빠지는 것이 아니라, 감정을 '알아차리게 하는' 길을 제시하기 때문이다. '슬픔'이라는 막연한 느낌이, 시를 통해 '아련함', '애틋함', '버려진 느낌' 같은 구체적 감정으로 드러나고, 우리는 그것을 있는 그대로 알아차릴 때 '감정의 자각'과 '감정의 해방'이 동시에 일어난다. 이는 곧 동일시에서 벗어나 근본자각에 이르는 작은 경로이다.

시명상의 자리 – 일상의 수행, 평온으로 가는 길

『시명상』은 독자에게 시를 가르치지 않는다. 오히려 시를 '겪게' 한다. 그 겪음 속에서 자신의 감정을 만나고, 그 감정을 알아차리며, 다시 그것을 놓아주는 훈련을 한다. 시를 통해 흘러들어온 삶의 이야기들은 명상을 통해 정화되고, 우리는 점점 더 '고요하고 평온한 자리'에 닿게 된다.

이 책은 명상 수행을 본격적으로 시작하지 못한 이들에게도, 익숙한 시라는 매개를 통해 자연스럽게 자각의 세계로 이끌어준다. 동시에 수행자들에게도 감정과 언어라는 또 하나의 '수행 도구'를 제공해준다. 그것은 다름 아닌, 일상의 언어와 감정, 기억과 이미지들이 곧 '공(空)'과 '무아(無我)'를 배우는 생생한 교실이 될 수 있음을 일깨우는 일이다.

마무리하며 – 언어와 침묵의 사이에서

『시명상』은 언어로 쓰인 책이지만, 침묵을 가리킨다. 감정을 다루지만, 감정에 빠지지 않는다. 이 책은 일상에서, 감정에서, 기억에서, 언어에서 시작하지만, 그 모든 것을 벗어나 자각의 자리로 이끄는 다리가 되어 준다. 시와 명상이 서로를 비추며, 독자로 하여금 자기 존재의 고통과 집착을 알아차리게 하고, 결국에는 근본자각의 평온에 이르도록 한다.

"모든 인연은 근본자각의 나툼이다. 시와 명상, 이 두 인연을 따라 당신의 평온을 회복하라."

이 책을 손에 쥔 모든 이들이, 그 길 위에서 한걸음씩 자각의 평온에 가까워지기를 바란다.

금강 스님, 〈『챗 지피티와 스님의 대화』 저자 · 시낭송가〉

서문

수업 시간이었습니다. 여느 때처럼 시 분석을 따라가고 있었습니다. 문득, 얼굴 하나가 떠올랐습니다. 이어 다른 얼굴이 하나. 그렇게 얼굴들이 검은 나뭇가지에 피어난 흰 꽃처럼 떠올랐습니다. 그 생생한 이미지에 휘말려 한동안 멍해 있었습니다.

아주 낯선 경험이었습니다. 순식간에 이질적인 세계로 이동했던 것이지요. 거기 앉아서 파리의 지하철에서 곁을 스쳐가는 이들에게서 순간을 보았고, 죄 없는 신천옹을 죽인 노수부의 의식을 따라 사중생의 순간을 경험했습니다. 그것은 무엇이었을까요. 낯선 세계에서 한동안 머무는, 그리고 나 자신도 낯설어지는 그 경험은?

그건 시어가 제 존재를 지배한 순간이었습니다. 시어는 모든 소음을 잠재웠고, 내면 가장 깊은 곳의 목소리에 귀 기울이게 만들었던 것이지요. 지금 돌아보면 그 순간은 아마 이 세상은 내가 보는 것이 전부가 아니라는, 그런 깨달음을 만난 순간이었다고 생각합니다. 분명 존재하지만 나 자신만의 삶만으로는 알 수 없었던 그런 일을 만난 순간이었기도 할 겁니다. 그 이미지들이 지나가고 나면 마음이 밝아졌습니다. 높은 산의 정기를 들이마신 것처럼 마음은 생생해졌고 세상이 새로워졌지요.

좁은 세계에서 살았습니다. 몸이 약해 한 번도 개근상을 타본 적이 없었습니다. 고등학교를 졸업할 때까지 학교 앞에 죽 늘어선 분식점에도 가본 적이 없었습니다. 수학여행을 제외하고 어디론가 여행을 가본 적도 없었습니다. 다락방에 있던 책들을 읽으면서 여름을 났고, 오래 된 책내음을 맡으면서 겨울을 났습니다. 어디서건 머뭇거렸고 미적거리면서 뒤로 숨었습니다. 아무도 눈여겨보지 않는, 소심한 아이였습니다.

어른이 된 이후로는 그저 살아내느라 바빴습니다. 아이를 키우느라, 적은 돈으로 살림을 꾸려가느라 허덕였지요. 돌아보면 부모님께 참으로 죄송스러운 일이 많습니다. 여행도 못 보내드렸습니다. 아이들에게 미안한 일은 또 얼마나 많은지요. 자전거 사주기도 버거웠습니다. 그 흔한 과외 한번 시켜준 적이 없었습니다. 암을 앓으면서 비로소 자신을 얼마나 몰아부쳤는지 깨달았습니다. 그리고 그 몰아부침은 그저 표피적인 결과에 눈이 어두워서임을, 진정한 내 모습을 부끄러워했기에 비롯한 일임도 깨달았습니다.

그 세계를 다시 만났습니다. 요양원에 머물던 여름날, 무덤가에서 들꽃을 발견하고 엎드려 카메라를 들이댄 순간, 그 세계가 펼쳐졌습니다. 강가 갈대밭에 나갔다가 부분 일식으로 세상이 온통 컴컴해진 때, 그 세계가 다시 왔습니다. 낯설지만 이 세상에 있는 세계, 그리하여 새로운 눈으로 삶을 바라보도록 하는 세계였습니다. 시가 그 낯선 세상으로 데려갔다면, 그 안에 있는 평온함과 힘을 찾아내도록 한 것은 명상이었습니다. 아니 시와 더불어 온 시 안의 명상이었습니다. 천천히 시를 읽고 느낌을 더듬어 표현하고 그리고 다시 그 시어들을 되뇌면서 그 안의 나와 시인을 만났습니다. 그 안의 세상을 만났습니다.

그러니 우리의 가슴은 가장 근본적인 나침반입니다. 지금은 쉬어야 한다고 속삭이거나 자신의 길을 걸어가라고 혹은 한걸음 내딛어야 한다고 속삭입니다. 하지만 우리는 타인의 기대를 중요시하고 다른 이의 시선을 받아들이느라 바쁜 나머지 그 소리를 놓칩니다. 때로는 나의 그 목소리를 나약한 것으로 여기고 말지요. 휴식이 필요할 때 자신을 몰아붙이고, 위로가 필요할 때 자신을 깎아내리며 현실을 이유로 한걸음 물러서거나 그 자리에 멈춥니다. 그렇게 해서 지금 나의 모습을 형성해 왔습니다.

그러나 시어가 말하는 세계는 이미 우리 안에 있습니다. 마음 골짜기 안에 있지요. 한 켠에는 죽음으로 가며 서로 밀쳐대는 골짜기가, 다른 한 켠에는 햇살 가득한 골짜기가, 여전히 어둠으로 가득한 골짜기가 기다리고 있지요. 그래서 페르시아 시인 루미는 마음으로 여행을 떠나보라고 했는지도 모르겠습니다. 시와 명상이 함께 하는 그곳으로. 굽이굽이 삶을 넘어가는 마음 골짜기에는 그림자가 많지만 그런 만큼 빛도 환합니다. 그곳에는 나라는 존재 자체의 울림이 있기 때문입니다. 그곳에는 혼돈으로 가득한 구름 속을 걷되 나다움을 찾는 시간이 있습니다. 세상의 가치관을 받아들이지만, 결코 내 것으로는 삼지 않는 지향점이 있습니다. 그곳에는 나선형을 그리면서 다음을 향하는 끊임없는 진전이 있습니다. 그리하여 나를 초월하는 나를 만나는 그 세계가 이미 내 안에 있는 것입니다.

| 목차 |

1부

시명상으로의 초대

1장
'가슴으로' 읽는 시

2013년 수학능력 시험에 오규원 시인의 「살아 있는 것은 흔들리면서」라는 시가 출제되었습니다. 이 시에 대한 분석은 다음과 같았습니다. 갈래는 자유시, 서정시이고 시의 성격은 의지적, 명상적, 상징적, 고백적이며 도치법과 의인법을 사용했고 1연은 자연물이 흔들리는 모습, 기타 등등…… 우리는 이러한 방식으로 시를 배워왔습니다.

시를 어렵다고 느끼게 된 것은 시를 이성으로 분석해야 하는 것으로 배웠기 때문입니다. 물론 시를 학문적으로 배웠을 때 얻을 수 있는 분석적 기법은 소중합니다. 우리는 은유로 내 마음을 표현하기도 하고 비유로 쉽게 설명하기도 하며 철학으로 읽어내기도 하니까요. 하지만 분석하느라 그 이면에 담긴 감성과 통찰을 놓치는 일이 많았습니다.

이성은 중요합니다. 하지만 삶을 들여다보면 감정이 대단히 중요한 몫을 하고 있습니다. 감정은 우리의 전 생애를 지배합니다. 내가 가야 할 길을 알려주기도 합니다. 그렇기에 삶의 중심을 이루는 것을 핵심 감정이라고 부르지, 핵심 이성이라고 부르지 않는 것입니다. 한편으로 시가 학문이라면 일상에서 시를 사용하는 일이 그다지 많지 않았을 테지요. 그토록 많은 사람이 평생 어느 하나의 시를 암송하거나 다른 사람에게 보내거나 줄을 그어가며 적지 않았을 테지요.

한편, 시 자체가 어렵다고 여겨지는 경향이 있습니다. 이는 우리가 시를 배우고 접하는 방식에 문제가 있기 때문입니다. 학교 들어가기 전인 어린 시절, 글을 몰라도 동요를 불렀습니다. 좋아서 불렀고 즐거워서 불렀습니다. 그러나 학교에서 시를 배울 때는 분석과 해석에 집중하느라 시의 아름다움과 감동을 놓치게 되는 경우가 많았습니다. 분석도, 해석도 중요합니다. 하지만 감상이 훨씬 더 중요합니다.

시를 대할 때 분석과 해석에만 치우치는 태도는 시가 가진 본래의 힘을 온전히 느끼지 못하게 합니다. 시는 단순한 지식이나 논리의 대상이 아니라, 살아 숨 쉬며 우리 마음에 말을 걸어오는 존재이기 때문입니다. 그렇다면 어떻게 해야 시가 지닌 본연의 울림을 우리 삶 속으로 초대할 수 있을까요?

시를 읽는다는 것은 단순히 그 의미를 이해하는 것을 넘어, 시인의 경험과 감정에 공감하고 나아가 내면의 깊은 울림을 발견하는 과정입니다. 시는 삶의 복잡성과 아름다움을 응축해 보여줍니다. 독자인 우리는 시를 통해 자신과 세상을 다른 시각으로 바라볼 기회를 얻습니다. 시인의 시선과 감정을 따라가며 우리는 타인의 내면세계를 이해하고, 보편적인 인간의 경험에 대한 폭넓은 이해를 얻게 됩니다.

시의 본질: 뮤즈의 언어, 이미지, 심상화

시를 '뮤즈의 언어'라고 부릅니다. 뮤즈는 고대 그리스 예술의 여신으로, 영감을 준다고 합니다. 영감이란 내가 원한다고 해서 얻어지는 것이 아닙니다. 영감이란 영(靈)과 감(感), 즉 영혼의 느낌으로, 신의 계시를 받은 듯한 감정이라고 풀이합니다. 영어로 스피릿(spirit)이라고 하는 영은 나라고 자각하는 존재를 초월하는 무언가이지만 여전히 나에게 있는 존재이며, 그렇기에 무수한 사람들이 영성을 논하고 신비함을 논합니다. 이처럼 시는 존재의 깊은 이면까지 들어가, 때로 삶과 존재 이유를 깨닫게 하므로 우리를 기쁘게 합니다. 즉 시가 선사하는 순수한 기쁨과 새로운 통찰은 외부의 보상이나 압력 없이도 우리를 움직이는 강력한 내재적 동기가 되어 줍니다.

이러한 관점에서 시는 단순히 개인적인 감정이나 사고를 표현한 언어가 아니라, 시인을 매개로 하여 '오지 않은 것', '아직 말해지지 않은 것'을 불러오는 영적인 통로가 됩니다. 시인의 작업은 이 통로를 조심스럽게 여는 일이며, 그로부터 흘러나오는 이미지와 언어는 시인의 의도를 넘어선 진실을 말합니다. 그래서 좋은 시를 읽을 때 우리는 '이 시를 시인이 어떻게 썼는가'보다 '이 시를 나는 어떻게 받아들이는가'에 집중하게 됩니다. 시는 그렇게 각자의 내면에서 다른 방식으로 살아나고, 그 삶의 방식은 독자의 마음챙김 수준, 수용성과 연결되어 있습니다. 시가 촉발하는 나만의 고유한 감정, 생각, 기억을 있는 그대로 인지하고 받아들이는 것은 자신의 내면을 이해하는 첫걸음입니다.

시명상에서 우리는 바로 이 지점을 깊이 들여다봅니다. 시는 뮤즈의 언어로 내게 말을 건넵니다. 그러나 그 목소리는 매우 낮고, 조용하고, 미묘합니다. 그래서 우리는 '주의 깊게 듣는 법'을 배워야 합니다. 명상에서 강조하는 '주의 집중'과 '판단하지 않음'이 여기서 중요하게 작동합니다. 선입견 없이 시의 언어가 내 안에서 만들어내는 심상을 그대로 지켜보며, 떠오르는 감정이나 생각을 억지로 해석하거나 분석하지 않고 받아들이는 것. 이러한 태도 속에서 우리는 점차 시가 지닌 영적인 울림과 만나게 됩니다.

이때 시의 언어는 '말이 되지 않는 말'이기도 합니다. 논리적이지 않고 설명되지 않으며, 오히려 상징, 비유, 함축 속에서 그 본질을 드러냅니다. 이것이 바로 심상화(Imagery)의 작용입니다. 이미지란 단지 시각적 장면에 그치지 않고, 감각 전체를 통해 마음속에 떠오르는 생생한 인상입니다. 그것은 시를 읽는 독자 자신의 기억, 무의식, 욕망과 결합되어 새로운 체험으로 확장됩니다. 우리가 시를 읽다가 갑자기 '무언가'를 떠올리고, 그것이 설명할 수는 없지만 강한 진실로 느껴질 때 우리는 뮤즈의 언어와 접속한 것입니다.

따라서 시명상이란, 단지 시를 읽는 행위를 넘어서, 그 언어와 이미지가 내 안에서 일으키는 울림에 정중히 귀 기울이는 일입니다. 그것은 단순히 머리로 이해하는 독서가 아니라, 몸 전체와 마음 전체로 감응하는 하나의 '경험'입니다. 그렇게 시는 더 이상 텍스트가 아니라 살아 있는 존재가 되고, 독자는 시를 '해석'하는 사람이 아니라 '동행'하는 사람이 됩니다.

시를 천천히 읽고 음미하며, 그 의미를 삶에 연결시키는 과정은 그 자체로 명상이 될 수 있습니다. 이 방법은 전통적인 명상 방법과 마찬가지로 주의력을 집중시키고, 자아를 성찰하며, 타인과 세상에 대한 이해를 깊게 해줍니다. 명상이라고 하면 종종 홀로 고요히 앉아 호흡에 집중하는 모습을 떠올립니다. 하지만 명상의 본질은 주의를 집중하고, 현재에 머무르며, 자신과 세상을 더 깊이 이해하는 것입니다. 시를 읽고 음미하는 과정에서도 이러한 명상의 효과를 경험할 수 있습니다.

시명상은 시의 언어적 요소를 활용하여 마음의 평화와 통찰을 얻는 것을 목표로 합니다. 시를 읽기 전에 호흡에 집중함으로써 마음을 고요히 하는 것처럼, 시를 읽는 행위 자체에 명상적인 태도를 가져오는 것입니다. 이는 시의 언어, 이미지, 리듬, 그리고 그 안에 담긴 정서에 온전히 주의를 기울이는 것을 의미합니다.

시명상은 집중 명상이지만 관찰 명상이기도 합니다. 우리는 시를 읽기 위해 시간과 공간을 마련하고, 마음을 비웁니다. 마음을 비운다는 것은 그 시를 온전히 받아들인다는 의미입니다. 시인이 왜 이 시를 썼는가보다 시로 인해 내가 얻을 수 있는 통찰을 바라고 있으니까요. 어떤 것이건 간에 우리는 시인이 말하는 것을 온전히, 판단 없이 받아들일 준비가 되어 있습니다. 판단은 시를 읽기 전이 아니라 시를 겪어보고 난 이후에 내리는 것입니다. 그렇게 하려면 오로지 그 시가 자신에게서 무엇을 이끌어 내는가에 집중해야 합니다. 시에 온전히 집중하고 내면의 울림에 귀 기울이기 위해서는 시각, 청각, 촉각, 후각 등 모든 감각을 동원하는 일이 필요합니다.

나의 경험에서 오는 감각들이 시구절들이 빚어내는 이미지와 소리, 리듬, 감촉을 더욱 선명하게 경험하도록 해줍니다. 구절이 이끌어 내는 기억과 감정, 생각을 떠올리고 겪은 이후 그런 것들을 내 삶에 적용하는 일, 그것이 바로 시명상입니다. 이렇게 시에 온전히 집중하고 내면의 울림에 귀 기울이고 있을 때, 주변에 소리가 있다 해도 우리의 의식은 고요합니다. 나와 나의 주위를 잊는 몰입의 시간을 경험하고 있는 겁니다. 몰입의 경험은 내 안에 있는 동기를 강화하고 긍정적인 감정을 증진시킵니다.

한편으로 시명상 과정을 따라가는 동안 한걸음 물러서서 자신이 왜 이런 어떤 감정을 경험하고 있는지 알아차리게 됩니다. 즉, 시를 읽는 동안, 의식의 흐름에 몸을 맡기고, 감정이 자연스럽게 일어나는 것을 경험하며, 그것이 자신의 치유와 성찰로 이어지게 됩니다. 이 모든 과정은 결과적으로 나 자신을 깨닫는 '자기 인식'을 가능하게 하며, 감정적 흐름을 관찰하고 관리하는 '자기 조절'의 능력을 함양하는 데 직접적으로 기여합니다.

이것이 바로 '가슴으로 시 읽기'입니다. 시의 활자를 눈으로 좇고 의미를 파악하는 행위를 넘어서 시어와 리듬, 이미지, 정서를 온 마음으로 받아들이고 느끼고, 그 속으로 걸어 들어가는 과정입니다. 이렇게 시를 '겪어낸다'는 것은 시의 이야기가 나의 이야기가 되고, 시의 감정이 나의 감정에 연결되는 깊은 만남을 의미합니다. 이러한 깊은 연결은 타인의 경험에 대한 '공감' 능력을 확장시키는 기반이 됩니다. 시를 통해 타인의 정서에 몰입하며 얻는 통찰은 실제 대인 관계에서 타인을 이해하고 소통하는 데 중요한 밑거름이 됩니다.

즉 시 속 화자나 풍경을 통해 자기의 모습을 발견하고 삶의 의미를 되짚어보는 것입니다. 시는 우리에게 영감을 주고, 위로하며, 때로는 새로운 통찰을 선물합니다. 또한 삶을 돌아보게 하고, 감사하는 마음을 불러일으킵니다. 시에는 이러한 모든 요소가 담겨 있습니다. 단순한 언어가 아니라, 감정과 깨달음이 스며든 예술이기 때문입니다. 한편, 시인이 자기만의 시어를 생산해낸다면 읽는 이는 자기만의 느낌을 만들어냅니다. 어떤 생각을 하건 어떤 느낌을 갖건 그건 내 자유인 것입니다. 그리고 마지막으로 도달하는 곳. 그것은 이 시가 전체적으로 무엇을 말하려 하는가에 대한 깨달음이고 통찰입니다.

읽는 이가 시를 자기 삶에 비추어보면서 어떤 통찰에 이르렀다면, 놀랐거나 깨달았거나 울었거나 그 모든 경험은 한 걸음 나아가게 합니다. 또한 시에 대한 자신의 느낌을 글로 써 내려가는 과정에서는 놀라운 집중과 이완 효과를 가져다줍니다. 이러한 방법들은 시를 더 깊이 경험하고, 내면과 더 깊이 연결되는 데 도움을 줍니다. 결과적으로 몰입해 시를 읽는 일, 더 나아가 겪어내는 일은 바로 명상의 효과를 갖게 합니다. 이러한 경험은 개인을 성장하도록 이끄는 강력한 '동기'를 부여하며, 내면의 깊은 평화와 통찰은 타인과의 관계를 더욱 풍요롭게 만드는 '사회적 기술'의 발달에도 긍정적인 영향을 미칩니다. 자신의 감정을 이해하고 조절하며 타인에게 공감하는 능력이 향상될수록, 우리는 더욱 효과적으로 소통하고 건강한 관계를 맺을 수 있기 때문입니다.

'가슴으로 시 읽기'라고 명명한 이 실천은 현대 명상의 주요 흐름인 '가슴챙김(Heartfulness)'과 '마음챙김(Mindfulness)' 정신에 깊이 뿌리내리고 있습니다. 이 두 개념은 원래 하나에서 나온 것입니다만 이는 후에 다루도록 하겠습니다. 이 두 개념은 각각 현재 순간에 대한 비판단적 알아차림과 가슴에서 우러나오는 따뜻함과 연결에 초점을 맞추고 있습니다. 시명상은 바로 이 알아차림과 따뜻한 연결을 시라는 아름다운 매개를 통해 경험하도록 돕습니다. 가슴챙김과 마음챙김이 시명상과 어떻게 연결되는지는 2장에서 더 자세히 살펴보겠습니다.

2장
시명상, 언어로 하는 수행

　1장에서는 '가슴으로 시 읽기'의 본질과 시가 내면의 깊은 울림을 주는 '뮤즈의 언어'임을 살펴보았습니다. 이번 장에서는 시명상이 전통 명상과 어떤 면에서 차이가 있는지, 그럼에도 불구하고 내면의 평화와 통찰로 이끈다는 점에서 같은 목적을 지니고 있음을 살펴보 겠습니다.

　'시로 명상하기'를 택한 중요한 이유 중 하나는 일반적으로 명상이 어렵고 진입장벽이 높다고 여겨지기 때문입니다. 명상이라고 하면 종종 홀로 고요히 앉아 호흡에 집중하는 모습을 떠올립니다. 그렇기에 많은 사람에게 명상은 어렵고, 엄격한 수련이 필요하며, 일상생활과는 동떨어진 특별한 행위로 여겨지곤 합니다. 최근 들어 현대적이고 보다 실용적인 MBSR이 나왔고, MBCT등 여러 명상이 등장했지만, 막상 명상을 시작하려 할 때 어떻게 해야 할지 막막하거나, '마음을 비워야 한다'는 표현 앞에서 좌절감을 느끼는 경우가 많습니다. 이러한 어려움 때문에 명상의 필요성은 느끼지만 쉽게 다가가지 못하는 사람들이 많습니다.

하지만 명상의 본질은 특정 자세나 기법에 얽매이는 것이 아닙니다. 명상의 본질은 주의를 집중하고, 현재에 머무르며, 자신과 세상을, 그리고 삶 자체를 더 깊이 이해하는 것입니다. 그렇다면, 전통 명상이 제시하는 길 외에 다른 방식으로도 이러한 명상의 효과를 얻을 수는 없을까요? 좀 더 익숙하고 친근한 방법으로 내면의 고요함과 통찰에 이를 수는 없을까요?

'시명상'은 하나의 대안이자 새로운 길이 될 수 있습니다. 시명상은 마음을 비워야 한다는 부담 없이, '시를 겪는' 경험을 활용하여 명상의 세계로 들어설 수 있도록 돕습니다. 시의 언어와 감성이 이끄는 대로 따라가다 보면, 어느새 마음의 고요함과 깊은 울림을 마주하게 되는 것입니다.

전통 명상이 주로 호흡이나 신체 감각, 또는 특정한 생각(만트라, 화두)에 주의를 집중하는 방식을 사용한다면, 시명상은 '시'라는 예술 작품을 명상의 대상으로 삼습니다. 시가 가진 아름다움, 정서적 깊이, 그리고 서사적인 요소들은 명상을 좀 더 풍요롭고 몰입감 있는 경험으로 만들어줍니다. 이러한 시의 특징들은 '동기 부여'의 측면에서 특히 효과적입니다. 시라는 친숙하고 매력적인 매개체를 통해 명상에 대한 내적 흥미와 지속적인 참여 의지를 불러일으킬 수 있기 때문입니다. '마음을 비우는' 부담감 대신, 시가 선사하는 아름다움과 감동 자체가 명상으로 이끄는 강력한 동기가 됩니다.

그렇다면 시명상에는 어떤 강점과 특별함이 있는지 의문이 들 겁니다. 시명상은 전통 명상과는 다른 방식으로 내면으로 들어서는 '길'을 제시합니다. 하지만 두 명상 모두 주의 집중, 있는 그대로 보기, 감정 내려놓기, 생각 내려놓기, 그리고 내면을 바라보는 연습인 자기 성찰과 치유라는 공통적인 목표를 가지고 있습니다.

전통 명상과 시명상의 차이

전통 명상과 시명상은 여러 면에서 차이를 보입니다. 출발 지점에서 전통 명상은 '호흡'이나 '신체 감각' 등 비언어적인 내면을 직접 대상으로 삼지만, 시명상은 외부 텍스트인 시, 즉 '타자의 언어'를 매개로 명상을 시작합니다. 전통 명상이 언어를 내려놓고 침묵으로 향한다면, 시명상은 언어의 결을 타고 내면으로 깊이 들어갑니다.

첫째, 이미지와 언어 사용 방식이 다릅니다. 전통 명상이 이미지나 언어를 점차 줄여 '비어 있음'으로 나아가는 경향이 있다면, 시명상은 언어를 적극적으로 사용하여 상상력과 감정의 깊이를 경험합니다.

둘째, 감각 자극을 대하는 태도가 다릅니다. 전통 명상이 감각 자극을 줄여 고요함과 '무(無)'를 체험하는 길로 간다면, 시명상은 시의 언어, 리듬, 이미지에서 오는 감각 자극을 의도적으로 받아들이며, 이를 통해 감정을 깊이 경험하게 돕습니다.

셋째, 사고와 감정의 흐름에 대한 접근이 다릅니다. 전통 명상은 생각이 자연스럽게 흘러가도록 두되 관여하지 않는 것을 중요하게 여기지만, 시명상은 생각과 감정이 떠오르도록 유도하고, 그것을 따라가며 '느낌'을 깊이 경험하는 데 중점을 둡니다.

넷째, 주의 집중과 확장의 방향이 다릅니다. 명상은 '지금-여기'에 머물며 몰입을 통해 자기 안으로 침잠하지만, 시명상은 지금 여기의 감정에서 출발하여 어떤 기억이나 의미로 확장됩니다.

다섯째, 기억을 다루는 방식이 다릅니다. 전통 명상은 떠오르는 기억을 하나의 현상으로 보고 붙잡지 않고 흘려보냅니다. 반면 시명상은 시가 건드린 내면의 반응, 즉 떠오른 기억을 붙잡아 충분히 경험합니다. 시를 통해 꺼내어진 기억은 감정과 깊이 연관된 경험으로, 그 사실을 깨닫는 순간 자각과 통찰로 이어질 수 있기 때문입니다.

여섯째, 자기 인식의 지향점이 다릅니다. 전통 명상이 자아라는 허상을 점차 해체하며 '나 없음'의 길로 나아간다면, 시명상은 오히려 나라는 존재의 결, 고통, 유일함, 즉 '있는 그대로의 나'를 만나고 깊이 느끼는 길입니다. 자신의 강점과 약점, 가치관과 감정을 솔직하게 마주함으로써 자신을 더욱 온전히 이해하고 수용하게 됩니다.

일곱째, 결과적으로 추구하는 바가 다릅니다. 명상은 '지금-여기'의 텅 빔에서 오는 평온과 깨어있음을 추구하는 반면, 시명상은 지금-여기를 디딤돌로 삼아 충실하게 채움에서 오는 삶과 감정에 대한 이해와 통찰을 얻는 데 방점이 찍혀 있습니다.

이 모든 차이를 관통하는 근본적인 다름은 바로 '언어'를 대하는 태도에서 비롯됩니다. 전통적인 명상은 '언어와 생각을 비우는 길'을 강조합니다. 언어는 마음의 소음을 만드는 주범이기에, 그것을 넘어서야만 진정한 고요에 이를 수 있다고 말합니다. 그러나 과연 우리가 언어로부터 완전히 자유로워질 수 있을까요? 우리의 의식은 언어로 이루어져 있습니다. '나는 누구인가'라는 정체성부터 '슬프다', '기쁘다'는 감정의 이름표, 생각, 심지어는 꿈까지, 우리는 언어라는 틀을 통해서 자신과 세상을 인식하고 이해합니다. 경주 불국사에는 '무설전'이라는 강당이 있습니다. 진리의 본질은 언어로 표현할 수 없다는 의미를 담고 있습니다만 그 말조차 우리는 언어를 통해 이해하는 것입니다. 물고기가 물을 떠나 살 수 없듯, 우리는 언어를 떠나 사유하기 어렵습니다.

바로 이 지점에서 '시명상'은 다른 해법을 제안합니다. 언어를 억지로 비우고 없애려 애쓰는 대신, 오히려 인간이 만든 가장 정제되고 아름다운 언어인 '시'를 통해 우리의 의식 구조를 더 깊이 탐색하는 길입니다. 시는 언어의 감옥이 아니라, 내면으로 들어가는 가장 안전하고 깊이 있는 문이 되어줍니다. 시어를 통해 우리는 낡고 부정적인 자기 서사를 발견하고, 그것을 힘 있고 아름다운 서사로 다시 써 내려갈 힘을 얻게 됩니다.

핵심적으로 다른 태도는 감정에 대한 접근입니다. 명상은 감정을 '있는 그대로 알아차리고 흘려보내는 것'에 집중합니다. 그러나 감정을 흘려보낸다는 것은, 그 감정이 무엇인지 충분히 알아차린 후에야 가능한 일입니다. 시명상은 바로 그 '알아차리는 과정'을 언어와 이미지로 천천히, 깊이 체험하게 합니다.

이는 감정을 억제하는 것이 아니라, 감정을 '안다(knowing)'는 것, 즉 깊은 이해에 기반한 해방을 추구하는 것입니다. 시명상은 언어를 통해 감정에 '모양'을 입히고, 그 모양을 통해 감정을 '알아차리게' 하며, 마침내 감정이 그 자신을 다 하고 나서 스스로 소멸하도록 돕습니다. 감정에 대한 이러한 접근 방식은 감정을 억누르거나 회피하는 대신, 충분히 느끼고 이해함으로써 감정의 통제력을 높이는 '자기 조절' 능력과 직결됩니다.

결론적으로 시명상은 '언어로 수행하는 명상'이라고 할 수 있습니다. 정적인 침묵이 아니라, 말과 의미, 이미지와 감정이 내면을 흔들고 그 흔들림 속에서 자신을 알아차리게 만드는 살아있는 방식입니다. 그러므로 시명상의 목적은 "감정을 억제하거나 통과시키는 것이 아니라, 감정을 '안다'는 것"이며, 그 '앎'을 통해 비로소 진정한 '내려놓음(letting go)', 즉 깊은 이해에 기반한 해방에 이르게 되는 것입니다.

시명상에 필요한 읽기 자세로의 전환

평소 우리는 시를 읽을 때 의미를 해석하거나 주제를 파악하려는 이성 중심의 접근을 하게 됩니다. 반면 '가슴으로 읽는다'는 것은 느낌 중심, 즉 감각과 감정의 층위에서 시를 받아들인다는 뜻입니다. 시가 말하는 것이 아니라, 시가 느끼게 하는 것을 듣는 일입니다. '가슴으로 읽기'는 시의 언어를 통해 자기 감정을 더 명확히 감지하는 과정이 됩니다.

뇌는 정보를 처리하지만, 가슴은 공명합니다. 시를 읽다가 가슴이 '울컥'하거나 '조금 아린' 느낌이 들 때, 지금 이 시가 나를 건드렸구나 하고 알아차릴 수 있습니다. 그러므로, 시명상은 마음을 비우는 명상과는 달리 마음과 가슴을 채우고 느끼는 명상이기도 합니다. 명상은 보통 감정을 흘려보내라고 하지만, 시명상은 감정을 가슴으로 맞이하고, 충분히 느껴본 다음에 흘려보내게 돕습니다. 이 점이 아주 큰 차이자 시명상의 강점입니다. 자신의 감정을 있는 그대로 느끼고 수용하는 것은 감성 지능 발달의 근간이 되기 때문입니다.

따라서 '가슴으로 시 읽기'는 단순한 은유가 아닙니다. 실제 시 읽는 방식의 전환을 뜻하고, 내면과 감정의 접근 방식을 바꾸는 일이기도 합니다. 정리하면 시명상은 시를 해석하거나 분석하는 것이 아니라, 가슴으로 시를 읽는 일입니다. 머리로 이해하기보다, 느끼는 마음으로 시를 받아들이는 일입니다. 시에 담긴 감정, 이미지, 결을 가슴으로 느끼고, 그 느낌이 내 안에서 일으키는 울림을 따라가는 방식입니다. 이것은 감정을 억제하거나 흘려보내는 전통 명상과는 다른 길입니다. 충분히 느끼고 알아차린 뒤, 감정이 스스로 흐르도록 하는, 따뜻하고 살아 있는 명상입니다.

감각은 '지금 여기'로 들어가는 문

명상에서는 '지금 여기'에 집중하는 것이 핵심입니다. 그런데 '지금 여기'를 가장 확실히 알아차릴 수 있는 통로가 바로 감각입니다.

우리의 감각은 항상 현재에만 존재합니다. 예를 들어, 지금 손끝에서 바람이 느껴지면, 그 바람은 과거의 것도 미래의 것도 아닙니다. 지금 이 순간의 것입니다. 그래서 수행자들은 흔히 "감각으로 돌아가라"고 합니다. 이는 곧 "지금 이 순간에 깨어 있으라"는 말입니다.

시도 마찬가지입니다. 좋은 시는 늘 독자의 감각을 두드립니다. 예를 들어 "산 너머 남촌에는 누가 살길래/ 해마다 봄바람이 남으로 오네"(김동환/「산 너머 남촌에는」)에는 봄바람이라는 어휘가 등장합니다.

이런 시를 읽을 때 우리는 언어를 통해 이미지와 감각을 떠올립니다. '봄바람의 촉감', '남쪽의 따스함', '누군가를 기다리는 마음의 결' 등입니다. 그 순간 우리는 단지 과거의 장면을 상상하는 것이 아니라, 현재의 감각으로 체험하고 있는 것입니다.

그러므로 시명상은 감각과 감정이 만나는 지점입니다. 명상이 감각에 집중함으로써 '지금 이 순간'에 머무는 일이라면, 시명상은 감각을 통해 감정과 만나는 일입니다. 시를 통해 감각이 열리고, 그 감각을 통해 감정이 드러나며, 그 감정을 알아차림으로써 우리는 자신을 더 깊이 이해하게 됩니다. 시명상은 감각을 통해 감정과 접속하고, 감정을 통해 자기 자신과 접속하는 명상입니다. 감각은 지금 이 순간에 머무는 문이며, 시는 그 문을 열어주는 섬세한 열쇠입니다. 감각을 놓치지 않는다는 것은 곧 지금 여기에 깨어 있다는 뜻이며, 시명상은 그런 깨어있음을 자연스럽게 경험하도록 돕습니다. 결과적으로 자신의 감각과 감정을 통합적으로 인지하고 이해함으로써 내면의 풍경을 더욱 선명하게 파악할 수 있게 됩니다.

즉 시명상은 삶의 한복판에서, 온갖 감정과 기억과 경험을 피하지 않고 온전히 겪어내면서도 그 너머의 고요한 자각을 잃지 않는 힘 - 바로 그 깨어있는 힘을 기르는 실천입니다.

마인드풀니스와 하트풀니스는 원래 하나, 사띠

현대인들에게 널리 알려진 '마인드풀니스(마음챙김)'는 이제 단순한 명상법을 넘어, 삶을 대하는 태도이자 심리적 회복력의 기반으로 자리잡았습니다. 최근에는 '하트풀니스(가슴챙김)'라는 말까지 더해지면서, 마치 이 두 개념이 서로 다른 영역처럼 인식되기도 합니다. 그러나 이 두 용어는 그 기원에서 보면, 사실 본래 하나였던 수행 개념에서 출발한 것임을 이해할 필요가 있습니다. 그 뿌리는 불교 전통의 수행어인 '사띠(sati)'에 있습니다.

사띠는 팔정도의 일곱 번째 항목인 '정념(正念, samma-sati)'으로서, 수행자에게 매우 중요한 역할을 합니다. 일반적으로는 '주의 집중', 혹은 '현재에 머무는 마음'으로 번역되지만, 그 의미는 훨씬 넓고 깊습니다. 사띠는 단순히 머리로 인식하는 것이 아니라, 판단 없이 주의를 기울이며 있는 그대로를 알아차리는 마음의 태도를 의미합니다. 여기에는 두 가지 중요한 작용이 동시에 포함되어 있습니다.

하나는 인지적 주의, 즉 사물을 뚜렷이 관찰하고 기억하는 정신적 명료함이며, 다른 하나는 정서적 수용, 즉 일어나는 감정이나 타인에 대한 공감을 배제하지 않고 함께 품는 따뜻한 태도입니다. 즉,

사띠는 이미 마인드풀니스와 하트풀니스가 통합된 마음의 작용이라 할 수 있습니다.

이러한 사띠가 서구로 전해진 것은 비교적 최근의 일로, 미국의 생리학자이자 명상가인 존 카밧진(Jon Kabat-Zinn) 박사가 그 주인공입니다. 그는 수십여년의 수행 끝에 불교의 명상에서 종교적 색채를 걷어내고, 과학적이고 심리학적인 맥락으로 MBSR(Mindfulness-Based Stress Reduction, 마음챙김 기반 스트레스 감소) 프로그램을 개발했습니다. 애초에 그가 이 프로그램을 개발한 것은 스트레스와 만성 통증으로 고통받는 환자들을 돕고자 함이었습니다. 그는 약물이나 수술이 아닌 다른 방법으로 스스로 고통을 관리하고 삶의 질을 향상시키고자 했던 것입니다.

그래서 그가 쓴 책이 『재앙으로 가득한 삶』이었습니다. 한국에서는 『마음챙김 명상과 자기치유』라는 제목으로 번역이 되었습니다. 재앙으로 가득한 삶이란 결국 삶 자체를 고통으로 보고 있다는 의미일 겁니다. 그는 사띠를 '마인드풀니스'로 번역하여, 현대인에게 적합한 방식으로 재구성하였습니다. 그러나 이 과정에서 사띠의 정서적·공감적 측면, 즉 따뜻한 알아차림 부분은 상대적으로 덜 강조되었고, 주로 집중력, 주의, 판단 보류 등의 인지적 기능에 초점이 맞추어졌습니다. 그 결과, 사람들은 마인드풀니스와 감성적 공감을 분리된 영역처럼 받아들이기 시작했습니다. 이러한 흐름 속에서 등장한 개념이 바로 '하트풀니스'입니다. 이는 사띠의 감성적 요소를 따로 강조하고자 하는 현대적인 시도이지만, 원래는 둘이 하나였던 것입니다. 하트풀니스의 강조는 '공감' 능력을 직접적으로 개발하는 것과 연결됩니다. 타인에 대한 자비와 따뜻한 마음은 공감적 이해의 필수적인 요소이기 때문입니다.

이후 등장한 MBCT(Mindfulness-Based Cognitive Therapy, 마음챙김 기반 인지치료)는 MBSR에 인지치료적 요소를 결합한 심리치료 방식으로, 생각과 감정, 행동의 상호작용을 포괄적으로 다룹니다. MBCT는 마인드풀니스의 적용 영역을 더 넓히면서, 자연스럽게 정서적 수용과 자기 연민(self-compassion)의 중요성을 강조하게 되었습니다. 이는 마인드풀니스와 하트풀니스를 다시 사띠의 본래 의미로 통합하려는 흐름으로 볼 수 있습니다.

즉 마인드풀니스와 하트풀니스를 따로 언급하지만, 그 근원을 추적해보면 두 개념은 애초부터 분리되지 않았던 하나의 작용이었습니다. 사띠는 머리와 가슴이 동시에 깨어 있는 마음의 상태이며, 지혜와 자비, 관찰과 수용이 함께 작용하는 수행의 핵심입니다. 마인드풀니스가 주의 깊은 인식을 의미한다면, 하트풀니스는 그 인식이 따뜻하고 열려 있는 방식으로 작동함을 뜻합니다. 결국 이 둘은 분리될 수 없으며, 완전한 알아차림은 언제나 인지와 정서가 통합된 마음에서 비롯됩니다.

이 책이 '가슴으로 시 읽기'라고 표현한 시명상은 현대 명상의 두 가지 중요한 흐름인 마음챙김과 가슴챙김의 정신에 깊이 뿌리내리고 있습니다. 시명상이 비록 전통적인 명상과는 다른 길을 가지만, 마음챙김과 가슴챙김의 원리를 통해 명상의 궁극적인 목적에 도달한다는 점에서 같은 목적을 지닌다고 할 수 있습니다.

즉, 시명상은 마인드풀니스와 하트풀니스가 결합되어 있는 것으로, 사띠의 정신을 구현하고 있다고 볼 수 있습니다.

같은 목적을 향한 다른 길

명상의 근본적인 목적은 소란스러운 세상 속에서 흔들리지 않는 내면의 평화를 찾고, 자신을 더 깊이 이해하며, 삶과 세상에 대한 통찰을 얻는 것입니다. 시명상 또한 이러한 목표를 향해 나아갑니다. 시를 통해 감정을 깊이 마주하고 이해하는 과정은 내면의 복잡성을 해소하며 평온함으로 이끌고, 경험과 기억을 시에 비추어 성찰하는 과정은 깊은 자기 이해에 도달하게 합니다. 시가 던지는 질문과 이미지 속에서 삶의 본질을 들여다보는 것은 새로운 통찰을 얻는 문이 됩니다. 또한, 시인의 목소리에 공감하고 시적 세계와 연결되는 경험은 타인과 세상에 대한 연결감을 깊게 합니다.

즉 시명상은 전통 명상과는 다른 도구와 방법, 그리고 다른 경험의 질감을 가지지만, 그 본질에 있어서는 동일한 명상의 씨앗을 품고 있습니다. 복잡한 일상에서 잠시 멈추어 시와 함께 내면으로 걸어 들어갈 때, 고요함 속에서만 찾을 수 있을 듯했던 평화와 깊은 자기 이해, 그리고 세상을 바라보는 따뜻하고 새로운 시각을 발견하게 될 것입니다. 시명상은 '읽기'라는 행위를 통해 바쁜 현대인들을 잠깐 멈춤의 여정으로 안내하는, 가슴 뛰는 명상 방식입니다.

3장

어휘, 감정을 불러오다

시는 어떻게 어휘만으로 마음을 움직이고, 생각지도 못한 감정들까지 느끼도록 만드는 것일까요? 여기에는 과학이 숨어 있습니다. 우리는 그저 시를 읽고 느낄 뿐이지만 언어와 감정은 깊숙이 연결되어 있습니다. 깨닫지 못하는 새에 언어는 감정을 불러내는 것이지요.

시를 만날 때 감정이 느껴지는 이유를 이해하기 위해서는 먼저 감정이 만들어지는 과정에 관한 새로운 관점이 필요합니다. 흔히 감정은 외부 자극에 대한 자동적이고 타고난 반응이라고 생각하기 쉽지만, 안토니오 다마지오(Antonio Damasio)는 감정과 느낌이 뇌와 몸의 끊임없는 상호작용 속에서 만들어진다고 강조했습니다.

다마지오는 '정서(emotion)'와 '느낌(feeling)'을 구분합니다. '정서'는 외부 자극에 대한 몸의 자동적인 반응, 예를 들어 무서운 것을 볼 때 심장이 두근거리거나 식은땀이 나는 것처럼 무의식적으로 일어나는 몸의 변화를 말합니다. 반면 '느낌'은 바로 이런 몸의 변화를 우리 뇌가 알아차리고, '아, 지금 내가 무섭구나' 하고 의식적으로 경험하는 상태를 뜻합니다. 한마디로, 몸이 보내는 신호를 뇌가 해석해서 만드는 것이 바로 '느낌'입니다.

이때 중요한 것이 '신체 표지'입니다. 이건 마치 몸에 남는 '감정의 흔적' 같은 겁니다. 우리가 어떤 경험을 했을 때 몸이 느꼈던 생리적 반응(기분 좋거나 나빴던)이 뇌에 저장되는데, 후에 비슷한 상황이 오면 이 흔적이 빠르게 활성화되어 특정 '느낌'을 불러일으킵니다. 이것이 어떤 결정을 내릴 때 '직감'이나 '촉'처럼 작용하는 이유이기도 합니다. 다마지오는 이렇게 몸의 상태를 뇌가 지속적으로 '이미지'로 만들고, 그 이미지가 흘러가는 과정이 의식과 '나'라는 자아를 구성하는 핵심이라고 보았습니다.

다마지오의 관점은 감정을 인지 과정과 분리할 수 없다는 새로운 시각을 제시합니다. 몸에서 일어나는 미묘한 생리적 변화('정서')를 뇌가 인지하고 '느낌'으로 자각하는 과정 자체가 곧 감정의 첫 번째 단계인 '자기 인식'이기 때문입니다. 시명상이 몸의 감각과 감정을 연결하려는 시도는, 내면에서 일어나는 복잡한 감정들을 섬세하게 파악하고 이해하는 감성 지능의 핵심 역량을 직접적으로 개발하는 길을 열어줍니다.

이러한 시각을 더욱 발전시킨 리사 펠드먼 배럿(Lisa Feldman Barret)의 감정 구성 이론은 감정에 대한 전통적 이해를 뒤바꾸어 놓습니다. 이 이론에 따르면, 감정이란 미리 정해진 자극에 대해 자동적으로 촉발되는, 타고난 반응이 아닙니다. 대신 우리 뇌가 그때그때 만들어내는 경험에 가깝습니다. 뇌는 마치 요리사가 음식을 만들듯 감정이라는 경험을 만들 때 크게 세 가지 재료를 사용합니다.

첫째, 몸이 보내는 신호들입니다. 심장이 두근거리거나, 숨이 차거나, 배가 고프거나, 몸이 나른하거나, 아니면 어딘가 불편하거나 편안하게 느껴지는 것 같은 내 안의 다양한 감각입니다. 그저 몸의 감각일 뿐이라고 여기는 이 감각들이 감정을 만드는 재료가 되는 것입니다. 몸의 감각은 '느낌'의 핵심 구성 요소로, 뇌가 몸의 상태 변화를 인지하고 해석함으로써 의식적인 '느낌'을 형성합니다. 이 '느낌'은 우리의 사고와 의사 결정에 필수적인 기반이 됩니다.

둘째, 내가 지금 있는 곳과 상황입니다. 어떤 장소에 있는지, 누구와 함께 있는지, 지금 주변에서 무슨 이야기가 오가는지, 날씨는 어떤지 등 내가 놓인 모든 환경과 배경입니다. 셋째, 경험을 통해 배우고 저장한 '감정의 이름표들', 즉 감정을 표현하는 '단어'들입니다. 우리는 살면서 수많은 경험을 하고, 그때마다 몸의 신호와 상황을 함께 느낍니다. 뇌는 이러한 경험과 몸의 느낌, 상황을 종합해서 '이런 종류의 경험과 느낌은 이런 감정이라고 부르자' 하고 감정에 '이름표'를 붙여 기억에 저장합니다. 나중에 어떤 글에서 그 이름을 다시 보거나 듣게 되면, 뇌는 저장된 어휘를 통해 과거의 경험과 그때의 느낌을 불러와 지금 현재의 감정 경험을 구성하는 데 활용하는 것입니다.

뇌는 이 세 가지 재료(몸의 신호, 지금 상황, 저장된 감정 이름표들)를 실시간으로 빠르게 조합하고 해석해서, '아. 지금 내 몸 상태와 이 상황, 그리고 내가 가진 감정 이름표들을 종합해 볼 때, 이건 슬픔이라고 불러야겠구나' 하고 하나의 구체적인 감정으로 만들어내는 것입니다. 하늘은 똑같은 회색이지만, 그날의 몸 상태와 기분, 그리고 '비 오는 날 슬펐던 기억'이라는 감정 이름표를 떠올리면 '우울함'이 만들어지고, '흐린 날 친구와 행복했던 기억'이라는 이름표를 떠올리면 '편안함'이 만들어지는 것처럼 말입니다. 이렇게 감정은 외부 자극에 대한 단순 반응이 아니라, 뇌가 여러 정보를 바탕으로 능동적으로 만들어내는 '경험'이라고 할 수 있습니다. 이러한 감정 구성의 역동적인 과정은 단순히 감정을 '아는' 것을 넘어, 감정이 어떻게 '만들어지는지'를 이해하는 심층적인 수준으로 확장될 수 있음을 보여줍니다. 자신의 감정이 외부 자극과 내부 경험, 그리고 언어적 개념이 복합적으로 얽혀 구성된다는 것을 이해하는 것은, 감정에 대한 통제력, 즉 '자기 조절(Self-regulation)' 능력을 향상 시키는 데 결정적인 역할을 합니다. 감정이 고정된 것이 아니라 구성되는 것임을 알 때, 우리는 감정의 노예가 아닌 주인이 될 가능성을 발견합니다.

그렇다면 시는 이러한 감정 구성 과정에 어떻게 기여하는 것일까요?

감정 구성의 핵심 재료, 어휘의 힘

시는 특히 감정 구성에 필요한 핵심 요소인 '감정 개념(어휘)'과

'맥락'을 독특하고 강력한 방식으로 제공함으로써 다양한 감정을 만나고 탐색할 수 있는 특별한 '조건'을 만들어줍니다. 감정을 구성하는 세 가지 재료 중 '어휘'의 역할은 매우 강력합니다. 감정을 표현하는 어휘와 개념이 풍부하고 섬세할수록, 우리는 '슬픔'처럼 넓은 범위의 이름으로만 감정을 느끼는 것이 아니라, '쓸쓸함', '먹먹함', '서글픔', '억울함', '아련함' 등 내면에서 일어나는 감정의 미묘한 결들을 더욱 세밀하게 구분하고 인지할 수 있게 됩니다. 이를 감정 과립성이라고 합니다. 배럿은 감정 개념이 빈약하면 마음이 감정을 제대로 자각할 수 없다고 밝힙니다. 이는 자기 인식에 중요한 '정서 명료성'과 직결됩니다. 감정 어휘가 풍부할수록 자신의 감정을 더 정확하고 미묘하게 구분하여 인지할 수 있으며, 이는 곧 자신을 더 깊이 이해하는 토대가 됩니다.

청소년 소설 『아몬드』의 주인공 윤재는 편도체의 크기가 작아 어떤 감정도 느끼지 못합니다. 이른바 감정 표현 불능증을 겪습니다. 윤재의 엄마는 매번 느껴야 할 감정과 그에 따라 해야 할 행동을 윤재에게 가르쳐줍니다. 그러나 윤재가 만나는 모든 경우를 가르쳐 줄 수는 없습니다. 윤재의 삶은 오직 윤재만이 겪는 것이기 때문입니다. 윤재가 유치원에 들어가면서 문제가 생겨나고, 학교에 들어가 친구를 사귀면서는 더욱 곤란해집니다.

윤재의 경우는 '실감정증'이라고 볼 수 있습니다. 보통 사람은 윤재와는 다릅니다. 그러나 사회 정서 규범에 따라 감정을 억눌러 온 사람은 감정을 느끼는 데 어려움을 겪습니다. 그런 경우 자신의 감정을 경험하는 일도 힘들고 다른 사람의 감정을 지각하는 데도 어려움을 겪습니다. 시를 읽고 음미한 후 표현하는 일은 자신의 감정 자각과 타인의 감정 지각에 도움이 됩니다. 자신의 감정을 자각하고 표현하는 것은 자기 이해를 심화시키며, 시를 통해 시속 화자의 감정을 지각하고 이해하는 것은 공감 능력을 키우는 데 필수적이기 때문입니다.

이 일은 뇌의 가소성과 연관이 있습니다. 『나는 감정이 없다고 생각했습니다』를 쓴 저자, 존 앨더 로비슨(John Elder Robison)은 자폐의 일종인 야스퍼스 증후군을 겪은 사람입니다. 음향 기계와 자동차 수리, 그리고 사진사로서 기계 조작에 놀라운 재능을 보이는 그였지만 좀처럼 타인의 감정에 공감하지 못했습니다. 그러던 그가 경두개 자기자극(TMS:Transcranial Magnetic Stimulation)이라는 일종의 뇌자극 자기장 치료를 받고 감정이 풍성해집니다. TMS 시술을 받고 돌아온 그는 여느 때처럼 자동차 정비소에서 고객을 맞았습니다. 그 여성은 차 고장으로 두려워하고 있었습니다. 로비슨은 예전과는 달리 고객의 두려움을 느꼈습니다. 그는 걱정하지 말라고 고객을 다독였고 스스로 놀랐습니다. 냉청하고 합리적인 사람에서 공감하는 사람으로 탈바꿈했던 것입니다.

로비슨의 이 변화는 '공감'과 관계를 위한 '사회적 기술'이 어떻게 발달할 수 있는지를 보여주는 좋은 예시입니다. 타인의 감정을 인지하고 그에 적절하게 반응하는 것은 공감 능력의 핵심이며, 이를 통해 관계를 형성하고 유지하는 것이 바로 사회적 기술이기 때문입니다. 뇌의 물리적 변화를 통해 감정 경험이 풍부해지고 타인과의 상호작용 방식이 달라진 사례는 감성 지능이 단순한 기술이 아닌, 생물학적 기반을 가진 역량임을 시사합니다.

윤재는 감정과잉증인 친구 곤이의 행동을 매번 따라 합니다. 반복적인 '몸의 경험'은 해당 감정과 관련된 흔적을 점진적으로 형성합니다. 윤재의 뇌는 이러한 몸의 신호를 '느낌'으로 인지하고 해석하는 회로를 점차 만들어 나갔다고 볼 수 있습니다. 즉, 몸으로 감정을 '연기'하는 것이 그 감정을 실제로 '느끼게' 되는 발판이 되며, 이는 특정 상황에 대한 정서적 경험을 형성하게 되는 것입니다.

나아가, 하나뿐인 친구 곤이를 위해 칼을 대신 맞습니다. 이 강렬하고 의미 있는 경험은 윤재의 뇌 속에 해당 행동과 관련된 감정을 신경 회로에 깊이 각인시킵니다. 이로 인해 감정 처리와 관련된 뇌 영역(특히 전전두피질과 변연계 사이의 연결)의 시냅스 연결이 강화되고, 윤재는 이전에 느끼지 못했던 감정들을 '느낄' 수 있게 되는 것입니다. 결국 몸으로 직접 겪은 강렬한 경험이 뇌 신경망의 물리적 변화를 이끌어냈고, 이것이 감정을 느끼는 능력을 발달시킨 핵심 동력이 됩니다. 비록 소설이지만 윤재의 사례는 감정을 '경험'하고 '학습'함으로써, 이전에 존재하지 않던 감정적 연결과 이해가 형성될 수 있음을 보여주며, 이는 감성 지능의 성장 가능성을 뒷받침합니다.

뇌 신경은 감정의 풍성함과 연관이 있습니다. 수백 수천 개의 감정 개념을 구사하는 사람은 감정 입자도가 매우 높은 사람입니다. 감정 자각과 감정 개념은 밀접한 관계가 있습니다. 우리의 의식은 어휘로 이루어져 있습니다. 어휘가 늘어난다는 것은 미지의 영역을 개척한다는 의미입니다. 감정 개념은 사회적 실재입니다. 시를 읽고 음미한 후 표현하는 일은 자신의 감정 자각과 타인의 감정 지각에 도움이 됩니다.

'구성된 감정 이론'에서는 '감정 입자도'를 중시합니다. '감정 입자도'란 '감정 개념'에 대한 체계를 말하는 것으로 감정 경험을 얼마나 섬세하게 구성할 수 있는가와 관련된 것입니다. 배럿과 호맨(Hoemann)은 '감정 입자도'를 '언어로 표현된 미묘한 차이(뉘앙스) 및 특정 방식으로 자신의 감정적 경험을 표현하는 능력'으로 보았습니다. '구성된 감정 이론'에서는 감정의 발달은 감정 개념의 발달을 의미하고, 감정 개념이 발달할수록 감정 입자도가 높아져 감정 경험을 구성할 수 있는 능력이 증대되는 것으로 봅니다.

또한, 같은 '비'라는 단어를 읽더라도, 어떤 경험과 연결하느냐에 따라 '쓸쓸한 비', '정겨운 비', '기분 좋은 비' 등 개인의 다양한 경험과 연결된 여러 감정들을 불러와 느낄 수 있게 됩니다. 이는 시의 어휘가 우리의 뇌 속에 저장된 경험과 기억을 바탕으로 감정을 빠르게 예측하고 구성하도록 자극하기 때문입니다. 즉, 어휘가 뇌의 감정 예측 시스템을 작동시키는 중요한 신호가 되어, 시를 읽는 순간 우리 안에서 다양한 감정들이 생생하게 일어나도록 이끄는 것입니다.

감정 어휘를 아는 것은 대단히 중요합니다. 어휘가 늘어날수록 감정을 더 정교하게 인식할 수 있기 때문입니다. 단순히 '좋다/나쁘다'를 넘어, '초조하다, 기대된다, 서글프다, 애틋하다' 등 더욱 구체적인 감정들을 표현하고 '느낄' 수 있게 됩니다. 감정 어휘가 풍부해지고 감정 과립성이 높아질수록, 자기의 내면에서 일어나는 미묘한 감정의 차이를 정확하게 인지하고 명명할 수 있게 되며, 이는 자기 이해를 심화시키는 데 결정적인 역할을 합니다.

시인이자 자연주의자인 다이앤 애커맨(Diane Ackerman)은 이 어휘의 놀라운 힘을 『백 가지 사랑의 이름』에 썼습니다. 그녀의 남편 폴 웨스트는 뇌졸중으로 쓰러져 언어 기능을 거의 상실했습니다. 사랑한다는 말조차 할 수 없게 된 남편에게, 애커맨은 '사랑'이라는 단어 대신 그 느낌을 담은 백가지의 다른 표현들을 찾아내도록 격려 합니다. 사랑을 직접 표현하는 대신 다른 표현을 찾아냈을 때 "인간을 우선하는 아기천사", "제비의 안식처", "빛나는 우표의 사도"와 같은 시적인 어휘들이 나왔습니다.

이 책을 번역하면서도 당시에는 그 의의를 그다지 깊이 알지 못했습니다. 그저 아름답고 감동적인 이야기라고만 생각했습니다. 하지만 이제야 깨닫습니다. 애커맨의 그 행위는 감정 어휘의 풍성함이 뇌신경의 회복(뇌 가소성)을 돕고, 감정의 실체에 더 깊이 다가서게 하는 위대한 실천이었음을 말입니다. 하나의 단어에 갇혔을 때는 막혔던 길이, 수백 개의 다른 길(어휘)을 통해 다시 열린 것입니다. 이는 감정이 결코 하나의 덩어리가 아니며, 다양한 결을 가진 복합적인 경험임을 보여주는 거의 완벽한 실례입니다.

결국, 감정 어휘를 통해 감정을 정교하게 이해하고 표현하는 과정은, 몸과 마음의 항상성을 섬세하게 조절하고 건강한 균형을 유지하는 데 필수적인 능력이 됩니다. 시명상은 바로 감정 어휘의 힘을 빌려, 내면적 항상성을 더욱 견고히 하는 길을 열어줍니다. 아쉬움 이나 기쁨이 단순히 하나의 감정이 아니라 다양한 결을 지닌 복합 적인 감정임을 여러 표현을 통해 살펴보았듯이, 감정은 결코 하나의 덩어리가 아닙니다. 다양한 맥락으로 감정을 표현할 수 있다는 것은 감정을 구별하는 능력이 높아지고, 나아가 우리 경험을 해석하는 방 식이 다채로워진다는 의미입니다. 그리고 이러한 표현의 미묘한 차 이를 인식하는 과정에서 감정 조절 능력 역시 자연스럽게 향상됩니 다. 자신의 감정을 정확하게 파악하고 명명할 수 있을 때, 감정에 압 도당하지 않고 이를 건설적인 방식으로 다루며, 나아가 심리적 균형 (항상성)을 유지하는 데 필수적인 통제력을 얻게 됩니다.

감정 개념의 중요성을 좀 더 명확히 이해하기 위해, 제 가족의 경 험을 예시로 들어보겠습니다. 얼마 전, 우리는 아파트 계약을 마무 리했습니다. 그 일이 이뤄지기까지 몇 년이 걸렸습니다. 우리는 애 타하면서 기다렸고. 때로는 불안해하면서 기다렸습니다. 한편으로 는 기대하면서 기다렸습니다. 각 표현은 다른 느낌을 갖고 있습니 다. 애탄다는 것은 걱정했다는 의미, 불안하다는 것은 두려워한다는 의미, 기대는 소망이자 희망입니다. 그런 연후, 좋은 방향으로 결론 이 났다면 기뻤겠지만, 그럭저럭 간신히 만족한 상태로 계약이 되었 습니다.

제 가족의 이러한 반응은 일상적인 정서 반응입니다. 이는 '아파 트 계약'이 우리에게 의미가 있는 "마음의 특정 내용물"이기에 애탐,

초조함, 불안, 기대를 촉발한 것입니다. 다마지오는 이러한 정서 행동이 공포나 분노처럼 위협에 대처하도록 몸을 준비시키거나, 기쁨처럼 긍정적인 상태를 유지하도록 신호를 발생시키는 방식으로 인체의 균형, 즉 항상성 유지에 결정적인 도움을 준다고 설명합니다. 우리 가족이 아파트 계약 과정에서 느낀 애탐, 초조함, 불안함은 잠재적 위험에 대한 인체의 경고 신호로, 우리는 이를 통해 상황을 조절하고 안정감을 되찾으려 노력했던 것입니다.

감정이 구체적일수록 '나'를 더 잘 이해하게 해줍니다. 예를 들어 '슬퍼'는 막연한 감정이지만 '서운해', '버려진 느낌이야', '기대가 무너졌어'는 구체적인 감정입니다. 막연한 감정은 그저 감정의 표지판일 뿐이지만, 세부 감정은 그 감정이 발생한 맥락과 의미, 욕구를 드러내 줍니다. 모든 감정은 그 밑에 숨겨진 욕구와 관련이 있습니다. 때로는 충족되지 않은 욕구를, 때로는 충족된 욕구를 반영하기도 합니다. 감정은 단순한 반응이 아니라 행동을 유도하는 에너지로 특정한 목적을 가집니다. 즉 감정은 그 밑에 깔린 욕구가 있습니다. 서운함에는 인정받고 싶고 소속감을 느끼고 싶은 욕구가 있습니다. 억울함에는 공정함, 존중받고 싶은 욕구가 있을 수 있고 부끄러움에는 수용 받고 싶은 욕구, 실수로부터 보호받고 싶은 마음이 있을 수 있습니다. 예를 들어, 불안함이라는 감정 속에는 안전에 대한 욕구가 충족되지 않았다는 마음이 숨겨져 있습니다. 반대로, 안도감에는 안전에 대한 욕구가 충족되었다는 마음이 있습니다. 즉 감정을 정확히 표현하면 내 욕구와 상처가 보이기 시작합니다. 뇌 과학적으로도

'정서 명료성'이 높을수록 회복력이 크다고 합니다.

즉 감정 구별력을 높이는 것이 중요합니다. 감정 구별력은 내가 느끼는 감정이 무엇인지 알아차리는 능력입니다. '내 감정이 무엇인지 모를 수 있나'하고 생각하겠지요. 저는 아주 무딘 사람 중의 한 명이었습니다. 아버지가 돌아가셨을 때 나의 감정이 어떤 것인지 구분하지 못했습니다. 바로 밑의 여동생은 엉엉 울면서 병실에 들어왔습니다. 그러나 저는 그저 명할 뿐이었지요. 제가 무엇을 느끼는지 몰랐던 것입니다. 저의 감정 입자도는 극히 낮은 수준이었을 겁니다. 감정 입자도는 감정에 관한 어휘로 감정 구별력과 밀접한 연관이 있습니다.

정신과 의사 문요한은 자신의 내담자들이 지닌 공통적 특징 중의 하나가 감정의 구별력이 떨어진다고 말하고 있습니다. 감정 구별력이 떨어지면 단순히 '기분이 안 좋다'거나 '불편하다'고만 느낄 뿐, 그 감정이 슬픔인지, 분노인지, 불안인지 명확히 알지 못합니다. 이렇다 보니 자신의 감정을 적절하게 처리하거나 해소하지 못하고, 결국 감정이 내면에 쌓여 스트레스, 우울, 불안 등 다양한 심리적 문제로 이어지기 쉬운 것이지요. 물론 그렇게 되기까지 다양한 원인이 있었을 겁니다. 트라우마, 말을 하지 않는 습관, 사회적 정서 규범, 또는 생물학적 요인 (윤재나 앨더 로비슨 같은 사람들)이 있을 수 있습니다.

저는 마크 브래킷이 제안한 무드 미터를 사용하고 있습니다. 지금 어떤 감정을 느끼고 있는지 혹은 어떤 기분인지를 헤아리는 것입니다. 일종의 감정일기지요. 한편으로 글을 읽고 영화를 보면서 지금 느낌이 어떤지 알아차리려 노력하고 있습니다. 얼마 전에 911 테러를 다룬 영화 〈유나이티드 93〉을 보았고 평범한 사람들이 테러리스트에게 항거하는 장면에서 왈칵 눈물이 터졌습니다. 드문 일이었습니다. 왜 제가 그런 반응을 보이는지를 들여다보았더니 보통 사람들의 결단 때문이었습니다. 그들은 죽을 줄 알고 있었지만 저항했던 것입니다. 그 장면에서 운 사람이 나뿐만이 아니었습니다. 그 영화를 발표한 학생도 울었다고 했습니다. 동일한 일이 단편소설(줌파 라히리의 「일시적인 문제」)을 읽으면서 일어났습니다. 그 소설은 아이를 사산한 젊은 부부가 서로에게 서운한 마음이 쌓여 헤어질 결심을 하는 내용이었습니다. 울컥했지요. 두려움. 망설임, 결단, 용기, 서운함, 아픔, 그리고 안도 등이 제가 느낀 감정이었습니다. 함께 읽던 다른 이들 역시 공감을 표했습니다. 그들 역시 제가 느낀 감정들을 느꼈던 것이지요.

결국, 감정 어휘를 통해 감정을 정교하게 이해하고 표현하는 과정은, 몸과 마음의 항상을 섬세하게 조절하고 건강한 균형을 유지하는 데 필수적인 능력이 됩니다. 시명상은 바로 이러한 감정 어휘의 힘을 빌려, 내면적 항상성을 더욱 견고히 하는 길을 열어줍니다. 아쉬움이나 기쁨이 단순히 하나의 감정이 아니라 다양한 결을 지닌 복합적인 감정임을 여러 표현을 통해 살펴보았듯이, 감정은 결코 하나의 덩어리가 아닙니다. 다양한 맥락으로 감정을 표현할 수 있다는 것은 감정을 구별하는 능력이 높아지고, 나아가 경험을 해석하는 방식이 다채로워진다는 의미입니다. 그리고 이러한 표현의 미묘한 차이를 인식하는 과정에서 감정 조절 능력 역시 자연스럽게 향상됩니다. 자신의 감정을 정확하게 파악하고 명명할 수 있을 때, 감정에 압도당하지 않고 이를 건설적인 방식으로 다루며, 나아가 심리적 균형(항상성)을 유지하는 데 필수적인 통제력을 얻게 됩니다.

이처럼 자신의 감정을 영화나 소설 같은 외부 매체를 통해 인식하고, 그 감정의 깊이와 의미를 성찰하며 '감정 구별력'을 높이는 과정은 감성 지능의 성장을 말합니다. 한편, 타인의 반응을 통해 자신의 감정을 객관화하고 이해하는 것은 '공감' 능력을 확장하는 데 기여하고 이는 타인과의 관계 개선으로 이어질 수 있습니다.

언어가 감정을 구성한 실례
: 『당신의 마음에 이름을 붙인다면』 그림책 사례

시가 어떻게 감정 구성의 '조건'을 만드는지, 특히 '어휘'의 역할이 얼마나 강력한지를 깨닫게 된 경험이 있습니다. 시명상 모임에서 『당신의 마음에 이름을 붙인다면』이라는 제목의 그림책을 읽었을 때 일어난 일입니다. 이 그림책에는 스토리가 없었습니다. 여러 나라의 단어를 가져와 그 단어의 뜻을 몇 마디로 설명한 것이 전부였습니다. 놀랍게도 참가자들은 단어를 몇 번 읽는 것만으로도 강한 감정을 느꼈습니다.

예를 들면 '쿠리'라는 단어에는 "몸을 웅크린 채 구석에 누워 있는 것. 따뜻하고 안락한 느낌"이라는 설명이 붙었습니다. 참가자들은 단어를 읽고 그와 연관된 자신의 옛날 경험을 불러와 이야기를 했습니다. 자신이 편안하게 느꼈던 곳, 즐겨 눕던 구석 혹은 안락의자, 햇살이 비치는 따스한 창가 등 구체적인 이미지와 경험들이 연달아 나왔습니다.

이 실례는 감정 구성 이론이 어떻게 작동하는지를 완벽하게 보여줍니다. 스토리가 아닌 파편적인 어휘와 최소한의 느낌 설명, 그리고 최소한의 맥락을 설정한 일반적인 그림만으로도 참가자들은 감정을 느꼈습니다. '쿠리'라는 단어가 유발하는 '따뜻하고 안락한 느낌'이라는 최소한의 언어적, 시각적 정보가 참가자들 각자의 뇌 속에 저장된 '안락함'과 관련된 경험을 활성화시켰습니다. 참가자들은 어휘로 자신의 과거 경험을 불러내고, 이에 대한 뇌의 해석을 더해 '따뜻하고 안락한 느낌'이라는 구체적인 감정을 능동적으로 구성해낸 것입니다.

이는 정서(감정)와 느낌의 상호작용, 그리고 확장된 의식이 과거의 기억과 결합하여 복합적인 감정 경험을 창조하는 과정을 여실히 보여주는 사례입니다. 결국 언어(어휘)는 이러한 신체 느낌을 촉발하고, 의식이 그 신호들을 해석하여 섬세한 감정을 구성하도록 돕는 강력한 도구인 셈입니다. 이 과정에서 참여자들은 자신 내부의 따뜻하고 안락한 느낌과 개인적인 경험을 연결하며 자기를 인식합니다. 동시에, 이 단어가 보편적인 '따뜻함'과 '안락함'의 감정을 유발하여 타인도 유사한 경험을 공유하고 공감대를 형성할 수 있음을 시사합니다. 즉, 시의 어휘는 개인의 감정적 경험을 촉발하여 자기 이해를 돕고, 동시에 그 경험을 타인과 공유함으로써 상호 이해와 공감을 증진시키는 강력한 매개체가 되는 것입니다.

4장

시어에의 공감과 소통

3장에서는 감정이 뇌와 언어의 상호작용을 통해 구성된다는 과학적 통찰을 살펴보았습니다. 특히 감정을 나타내는 어휘가 풍부할수록 감정 인지 능력이 향상된다는 점도 알게 되었습니다. 그렇다면 이미 느껴진(혹은 구성된) 감정에 '이름표'를 붙여 언어로 표현하는 행위 자체는 어떤 의미가 있을까요? 이제 이러한 '감정 명명(Affect Labeling)'의 중요성을 마크 브래킷(Marc Brackett) 예일대학교 감정지능센터 소장의 연구를 통해 살펴보겠습니다. 한편, 시와 함께하는 감정의 여정이 공감 능력과 소통, 궁극적인 정서적 성장에 어떻게 기여하는지 다뤄보겠습니다.

브래킷의 연구에 따르면, 우리가 느끼는 감정에 적절한 '이름표'를 붙여 언어로 표현하는 행위는 감정을 이해하고 조절하는 데 매우 효과적입니다. 마치 복잡한 문제에 이름을 붙이면 해결의 실마리가 보이듯, 모호하고 압도적인 감정에 이름을 붙이는 순간 감정은 더 이상 통제 불능의 것이 아니라 다루고 이해할 수 있는 대상으로 바뀝니다. 뇌 과학적으로 볼 때, 감정에 이름을 붙이는 것은 감정 반응을 담당하는 편도체의 활동을 진정시키고 이성적인 판단을 돕는 고차원적인 전두엽을 활성화하는 효과가 있다고 알려져 있습니다.

시명상에서 이 '감정 명명' 과정은 특별한 의미를 가집니다. 시는 복잡하고 미묘한 감정들을 포착하고 표현할 수 있는 다양하고 풍부한 어휘와 비유, 이미지를 제공합니다. 시를 읽고 마음에 와닿는 단어나 구절을 빌려와 자신의 감정에 '이름표'를 붙이거나 감정의 모양을 구체화해 볼 수 있습니다. 단순한 '슬픔'을 넘어 '먹먹함', '서글픔'과 같은 시적인 언어로 이름을 붙여보는 것은 감정을 더 깊이 이해하고 섬세하게 다루는 강력한 언어화 과정입니다. 시를 통한 감정 명명은 단순한 단어 나열을 넘어 감정의 본질에 더 가깝게 다가가는 강력한 언어화 과정이며, 이는 자신의 감정을 이해하고 다루는 자기 인식과 자기 조절 능력을 향상시키는 데 직접적으로 기여합니다.

감정과 언어의 연결

감정 경험은 어느 특정 부위에 집중해 처리되는 것이 아니라 뇌의 여러 부위에서 처리됩니다. 특히 편도체, 전두엽, 그리고 해마가 핵심 역할을 합니다.

어떤 감정 자극을 받았을 때, 가장 먼저 반응하는 뇌 부위 중 하나는 편도체입니다. 편도체는 뇌의 변연계 안에 있으며, 특히 공포, 분노, 불안 같은 본능적이고 생존과 직결된 감정을 빠르게 인식하고 처리하는 역할을 합니다. 진화적으로도 아주 오래된 구조로, 생명을 위협할 수 있는 자극에 대해 신속하게 '싸울 것인가 도망갈 것인가'를 선택하도록 합니다. 즉 우리가 위험에 재빨리 대응할 수 있는 것은 편도체의 빠른 반응 덕분인 것입니다. 하지만 편도체만 작동하면 감정 반응은 즉각적이고 원초적이며, 때로 상황에 맞지 않게 과도하게 나타납니다.

따라서 감정 반응이 좀 더 세련되고 조절된 방식으로 나타나려면, 편도체의 감정 신호가 뇌의 '지혜로운 사령탑'인 전두엽으로 전달되어야 합니다. 그렇다면 어떻게 이 사령탑을 효과적으로 작동시킬 수 있을까요? 놀랍게도 핵심 열쇠는 바로 감정을 '말로 표현하는 것'에 있습니다. 슬픔, 분노 같은 감정을 느끼고 '아, 내가 지금 슬프구나' 하고 이름을 붙이며 표현하려 노력할 때, 고등 인지 기능을 담당하는 전전두피질이 활발하게 움직이기 시작합니다. 자신의 내면을 관찰하고, 적절한 단어를 찾고, 생각을 정리하는 이 과정 자체가 곧 이성적인 뇌를 깨우는 일입니다.

이렇게 활성화된 전전두피질은 마치 숙련된 지휘관처럼 편도체의 과도한 활동을 진정시키는 신호를 보냅니다. 격렬하게 울리던 감정의 경보 소리가 잦아드는 것이지요. 슬픔이나 분노를 누군가에게 털어놓거나 일기장에 적는 것만으로도 마음이 가벼워지는 것은 바로 이러한 뇌의 놀라운 조절 메커니즘 덕분입니다. 결과적으로 감정을 표현하는 행위 자체가 감정 조절의 시작이자 핵심이며, 이는 대니엘 골먼(Daniel Goleman)이 강조하는 감성 지능의 핵심인 자기 조절 역량과 직결됩니다.

이때 감정 자극은 해마를 통해 과거의 기억과 연결되기도 합니다. 해마는 새로운 정보를 기억으로 저장하고, 과거의 기억을 불러오는 역할을 담당합니다. 감정과 관련된 경험이 해마에 저장되어 있기에, 현재의 감정 자극을 단지 '지금-여기'의 사건으로만 받아들이는 것이 아니라, 과거의 유사한 경험과 연결해서 해석하게 됩니다. 예를 들어, 누군가의 말투가 과거에 자신을 괴롭혔던 사람의 말투를 연상시킨다면, 실제로는 그저 평범한 말이었음에도 불구하고 감정적으로 강하게 반응하게 되는 것입니다. 이는 편도체가 해마로부터 불안한 기억을 끌어오면서, 전두엽이 판단하기 전에 이미 '경고등'을 켜버리기 때문입니다.

해마 덕분에, 시를 읽을 때 우리는 시어를 통해 관련된 옛날 기억을 떠올리며 다양한 감정을 느낄 수 있습니다. 익숙한 감정이 새롭게 다가오기도 하고, 시가 아니었으면 몰랐을 새로운 감정을 만나기도 합니다. 이것이 바로 시어가 뇌의 작동 방식을 활용하여 마음에 깊은 울림을 주는 중요한 과학적인 원리입니다. 특히, 안토니오 다마지오가 강조했듯이, 과거의 경험과 그에 따른 몸의 반응(신체 표지)이 해마를 통해 기억으로 저장되고, 이 기억이 현재의 감정 해석에 영향을 미치는 것이 중요합니다. 시를 통해 이러한 기억과 '느낌'

연결이 활성화되며, 이는 더 풍부하고 개인화된 감정 경험으로 이어집니다.

최근 뇌 과학 연구들은 감정 표현이 스스로 감정을 조절하는 핵심적인 열쇠임을 보여줍니다. 왜 그럴까요? 뇌 안에서 일어나는 일을 살펴보면 그 답을 찾을 수 있습니다. 앞서 언급했다시피 뇌에는 감정의 빠른 경보 장치인 편도체와 이성적인 판단 및 조절을 담당하는 전전두피질이 있습니다. 감정을 억누르거나 외면했을 때 오히려 문제가 커질 수 있는 것은, 편도체의 강력한 신호가 마음을 장악하기 쉽기 때문입니다. 즉 편도체 혼자 작동한다면 문제가 됩니다.

그렇다면 어떻게 이 강력한 감정의 조절기를 지혜로운 사령탑인 전전두피질이 효과적으로 조절하도록 도울 수 있을까요? 그 핵심적인 방법 중 하나가 바로 자신의 감정을 '말로 표현하는 것'입니다. 슬픔, 분노, 불안과 같은 감정을 느끼고, '아, 내가 지금 슬프구나', '화가 나는구나' 하고 그 감정에 이름을 붙이며 말로 표현하려 노력할 때, 뇌의 전전두피질이 활발하게 움직이기 시작합니다. 자신의 내면 상태를 관찰하고, 적절한 단어를 찾고, 생각을 정리하여 언어로 표현하는 과정 자체가 고등 인지 기능을 담당하는 전전두피질을 사용하는 일이기 때문입니다.

이렇게 활성화된 전전두피질은 마치 숙련된 지휘관처럼 편도체의 과도한 활동을 진정시키는 신호를 보냅니다. 격렬하게 울리던 감정의 경보 소리가 잦아드는 것이지요. 즉, 감정을 언어라는 틀에 담아 표현하는 행위 자체가 이성적인 뇌(전전두피질)를 깨워 감정적인 뇌(편도체)를 다독이고 조절하는 과정인 셈입니다. 그 결과, 격렬했던 감정의 파도가 한결 잔잔해지는 것을 경험하고, 좀 더 차분하고 현명하게 상황에 대처할 힘을 얻게 됩니다. 슬픔이나 분노를 누군가에게 털어놓거나 일기장에 적는 것만으로도 마음이 한결 가벼워지는 것은 바로 이러한 뇌의 놀라운 조절 메커니즘 덕분입니다.

말하자면, 감정을 표현하는 것은 단순히 속마음을 쏟아내는 것이 아니라, 뇌의 조절 시스템을 활용하여 스스로 감정을 관리하는 매우 효과적이고 건강한 방법입니다. 감정을 알아차리고 언어로 표현하는 연습을 통해, 감정의 노예가 아니라 주인이 될 수 있습니다. 감정 표현은 감정 조절의 시작이자 핵심인 것입니다.

감정 어휘의 힘

앞서 감정 표현이 뇌의 조절 시스템을 활용하여 스스로 감정을 관리하는 핵심적인 방법임을 이야기했습니다. 이제 언어가 어떻게 감정의 깊이를 더하고, 이러한 뇌의 작동 방식을 활용하는 대표적인 예시로서 시 읽기가 어떤 의미를 가지는지 살펴보겠습니다. 새로운 감정 단어를 배우는 것은 단순히 어휘력이 느는 것을 넘어 뇌 속의 신경망을 재조직하고 강화하는 과정입니다. 감정을 표현하는 새로운 단어를 배우면, 뇌에서는 뉴런 간의 연결이 강화됩니다. 이는 감정을 구별하는 능력을 높이고, 경험을 해석하는 방식을 다양하게 만듭니다. 특히, 해마에서 감정 경험과 관련된 기억 정보와 새로운 감정 어휘가 연결되어 감정 경험을 더욱 정교하고 세밀하게 저장하고 인출할 수 있도록 돕습니다. 새로운 어휘를 통해 감정 경험이 정교해질수록, 몸과 뇌는 특정 감정 상태에 대한 미묘한 생리적 '흔적'을 더 세밀하게 인지하고 의식적인 '느낌'으로 구성할 수 있게 됩니다.

감정의 미묘한 차이를 인식하고 이를 표현하는 정교한 감정 어휘를 사용할수록, 전전두피질이 편도체의 활동을 조절하는 능력이 향상됩니다. 감정에 압도당하지 않고, 상황과 맥락에 맞게 감정을 더 논리적으로 해석하고 대처할 수 있는 힘을 가지게 됩니다. 뇌에서 감정을 처리하는 방식은 마치 지도를 그리는 것과 같습니다. 슬픔의 경우 처음에는 '슬픔'이라는 큰 범위만 있었다면, 감정 어휘가 늘어나면서 '서글픔, 애잔함, 허무함, 그리움' 같은 더 세밀한 감정들이 지도에 추가됩니다.

이 지도(신경망)가 촘촘해질수록, 자신의 감정을 더 정확하게 이해하고 표현할 수 있게 됩니다. 따라서 다양한 감정을 경험하고 이를 언어로 표현하려고 노력할수록 뇌는 감정 처리에 있어 더 정교해지고 유연해집니다. 이렇듯 감정은 단순한 느낌이 아니라, 해마를 통해 기억과 연결되어 있고 맥락에 따라 다르게 인식됩니다. 동일한 말이라 하더라도 누가, 어떤 상황에서, 어떤 의도로 했는가에 따라 완전히 다른 감정적 반응이 일어나는 것도 바로 해마에 저장된 관련 기억과 편도체의 상호작용을 통해 해석되는 감정적 맥락 때문입니다. 타인의 의도를 정확히 파악하고 적절하게 반응하는 것은 공감 능력과 사회적 기술 발달에 필수적인 요소입니다.

시 읽기를 통한 감정과 언어, 기억의 통합적 훈련

바로 이 지점에서, 시 읽기와 같은 고차원적 문해 활동이 중요한 역할을 하게 됩니다. 시는 감정을 직접적으로 표현하기보다는 상징, 은유, 함축을 통해 복합적인 의미를 전달합니다. 우리는 시 속 인물의 처지, 말투, 시대적 배경, 문맥 속 어휘의 뉘앙스를 해석하면서, 자연스럽게 감정의 맥락을 따라가게 됩니다. 이 과정에서 전두엽은 편도체의 즉각적 반응을 조절하고, 해마는 시의 내용을 기존의 지식 및 경험, 그리고 그와 연관된 감정적 기억과 새로운 의미 네트워크를 형성합니다. 이러한 복합적인 뇌 활동은 보다 정교하고 균형 잡힌 감정 경험을 가능하게 합니다.

또한 이처럼 감정을 맥락 안에서 다루는 훈련은 뇌의 시냅스를 강화하고 인지적 유연성과 정서적 조절력을 높입니다. 단순한 어휘 암기가 아닌, 어휘 간의 관계를 파악하고, 상황 맥락 속에서 의미를 구성하는 능력, 즉 비판적이고 해석적인 문해력이 뇌를 더 복잡하게 작동하도록 만들고, 해마를 포함한 기억 시스템의 효율성을 증진시키며, 그 결과 더 깊은 이해, 더 넓은 공감 능력을 갖게 되는 것입니다.

시의 힘을 보여주는 예: 「너에게 묻는다」

시가 어떻게 뇌 속에서 감정, 언어, 기억을 연결하며 깊은 울림을 주는지 구체적인 예를 통해 살펴보겠습니다. 안도현 시인의 시 「너에게 묻는다」는 단 세 줄로 구성되어 있지만 강력한 효과를 가집니다.

첫 연인 "연탄재 함부로 차지 마라"는 단순한 경고처럼 읽힐 수 있습니다. 쓰레기를 만들지 말라는 실용적인 의미로 받아들여질 수 있는 것이지요. 그러나 이어지는 질문, "한 번이라도 뜨거웠던 적이 있었는가"라는 문장을 마주하는 순간, 강력한 전환이 이루어집니다. 이 짧은 질문 하나가 마음속 깊은 곳을 흔들며 '연탄재'와 '뜨거웠던'이라는 두 표현이 마음속에서 부딪칩니다. 뜨겁게 탔기에 재가 되었다는 추론이 이루어지고, 연탄재가 누군가에게 열렬히 헌신했던 적이 있는 존재라는 의미로 다시 태어납니다. 그러면서 반성, 찔림, 슬픔, 혹은 잊고 있던 기억을 불러일으킵니다. 시어가 기억과 감정을 하나로 엮어, 새로운 의미의 고리를 만들어내는 것입니다.

또 다른 시, 김소월의 「엄마야 누나야 강변 살자」 역시, 네 줄로 된 아주 단순한 시입니다. 첫 줄은 '엄마야 누나야, 강변 살자'로 시작합니다. 화자는 엄마와 누나라는 가족을 불러, 강변에 살고 싶다고 소망을 말합니다. 그런 다음 '반짝이는 은 모랫빛'과 '갈잎의 노래'라고 적어, 모래가 빛나고 나뭇잎이 바람에 흔들리는 소리가 들리는 장소, 앞에는 강, 뒤에는 산이 있는 장소를 불러냅니다. 모래가 빛나는 것을 볼 수 있다면, 갈잎이 흔들리는 소리를 들을 수 있다면, 아무도 괴롭히지 않는 곳, 평화로운 장소입니다. 엄마와 누나와 더불어 내가 살고 싶은 그곳은 마음껏 뛰놀 수 있는 곳입니다.

이 시를 읽는 동안 우리는 언어의 힘을 누립니다. 언어의 힘으로 가족을 떠올리고 화자가 어린아이라고 직감하고 그런 다음 강과 산 사이에 있는 집을 '이미지'로 그려내고, 햇살과 낙엽 소리를 상상으로 보고 듣습니다. 그러한 감각적 이미지를 떠올린 후에 비로소 평온이라는 언어 이면의 메시지를 알아차리는 것이지요. 한편으로 내가 소망하는 것은 무엇인지도 돌아보게 됩니다. 나 역시 이 화자와 같은 것을 소망하고 있음을 깨닫게 되고 그 소망을 이루기 위해 무엇을 하고 있는지 돌아보고 그 일을 위해 노력한다면 시는 온전히 제 역할을 하는 것입니다. 공감과 더불어 깨달음과 이어 실천에까지 이른다면 말이지요.

결과적으로, 시인의 단어 선택과 배열로 만들어진 새로운 맥락으로, 뇌는 기존 기억과 새로운 감각적 이미지 정보를 융합하며 익숙한 대상으로부터 예상치 못한 깊이의 새로운 감정을 느끼고 삶의 의미를 되새기게 되는 것입니다. 이는 시가 단순히 아름다운 언어의 나열이 아니라, 뇌의 감정, 기억, 이미지 구성, 언어 처리 시스템을 동시에 활성화하며 정서적, 인지적 성장을 이끄는 강력한 도구임을 보여줍니다.

감정과 언어의 연결

지금까지 감정과 언어가 뇌 속에서 연결된 방식과 편도체, 전전두피질, 그리고 해마와 같은 주요 영역이 하는 역할을 살펴보았습니다. 편도체는 감정의 신속한 경보 시스템으로 즉각적인 반응을 이끌어내고, 전전두피질은 이러한 감정을 인지하고 조절하며 사회적 맥락에 맞게 다듬는 역할을 합니다. 특히 해마는 감정적으로 중요한 경험을 기억으로 저장하고 현재의 감정 자극을 과거의 기억과 연결하여 감정에 깊은 맥락을 부여하는 핵심적인 연결고리입니다.

감정 표현, 특히 언어를 통한 표현은 단순히 속마음을 밖으로 내보내는 것을 넘어섭니다. 감정에 이름을 붙이고 언어화하는 과정은 전전두피질을 활성화해 편도체의 과도한 활동을 진정시키고 감정을 조절하는 강력한 메커니즘으로 작용합니다. 또한, 풍부한 감정 어휘를 익히고 사용할수록 뇌의 감정 처리 네트워크가 정교해지며 자신의 감정을 더 정확하게 이해하고 타인의 감정에 공감하는 능력이 향상됩니다.

뇌 과학적 이해는 시와 같은 문학이 왜 우리의 마음에 깊은 울림을 주는지 설명해 줍니다. 시는 상징과 은유를 통해 뇌의 전전두피질(이해), 편도체(감정), 그리고 해마(기억 및 연결)를 동시에 활발하게 작용하도록 촉진합니다. 특히 해마를 통해 시어가 개인의 기억 및 경험과 결합하면서 시에 대한 반응은 텍스트를 넘어 생생한 감정 경험으로 확장됩니다.

즉, 뇌 과학은 감정과 언어가 분리될 수 없는 관계이며, 언어를 활용한 감정 표현과 탐색이 정서 건강과 인지 발달에 얼마나 중요한지 보여줍니다. 시를 읽고 쓰고 말하는 활동은 이러한 뇌의 복합적인 기능을 통합적으로 훈련하며, 감정의 지도를 세밀하게 그려 자신과 타인의 마음을 더 깊이 이해하고 연결될 수 있도록 돕는 효과적인 도구가 될 수 있습니다.

감정 구성과 명명 과정을 활용한 성장

앞선 논의에서 감정이 뇌의 여러 영역의 복합적인 상호 작용 속에서 구성되며, 자신의 감정을 알아차리고 언어로 '명명'하는 과정이 특히 전전두피질을 활성화하여 감정을 조절하는 데 중요한 역할을 한다는 것을 확인했습니다. 또한, 해마를 통해 감정이 과거 경험과 연결되어 현재의 반응에 영향을 미치며, 정교한 감정 어휘를 사용하는 것이 감정 이해와 공감 능력을 심화시킨다는 점도 살펴보았습니다.

이러한 뇌 과학적 이해는 정서적 성장을 위한 구체적인 실천 방안을 제시합니다. 감정 구성 및 명명 과정은 단순히 '기분이 어떤가'를 넘어, 내면을 깊이 탐색하고 복잡한 감정 경험 속에서 의미를 발견하며 자신을 더 잘 이해하고 관리하는 효과적인 방법이 될 수 있습니다. 그렇다면 감정 구성과 명명 과정을 활용하여 어떻게 정서적 성장을 이룰 수 있을까요? 핵심은 자신의 감정을 '알아차리고', 그 감정에 가장 가까운 이름을 '붙여주고', 그 감정이 일어난 '맥락'을 이해하려 노력하는 것입니다.

1단계: 감정 알아차리기

시작은 자신의 감정을 회피하거나 억누르는 대신, 현재 느끼는 감정이 무엇인지 솔직하게 마주하는 것입니다. 신체적인 감각(가슴 두근거림, 답답함, 편안함 등)이나 떠오르는 생각, 행동 충동 등을 통해 자신의 감정을 감지하려 노력합니다. 잠시 멈추어 숨을 고르며 내면에 주의를 기울이는 것이 도움이 됩니다. 이때 옳고 그름 없이 판단하지 않고 그저 '있는 그대로' 알아차리는 것이 중요합니다.

2단계: 감정에 이름 붙여주기

알아차린 감정에 가장 적절한 단어를 찾아 이름을 붙여줍니다. 단순히 '기분 나쁘다'가 아니라 '화가 난다', '실망스럽다', '불안하다', '서운하다' 등 좀 더 구체적이고 미묘한 감정 어휘를 사용하려 노력합니다. 감정 어휘 목록을 참고하거나 시 속에서 발견한 감정 표현을 활용하는 것도 좋은 방법입니다. 감정에 이름을 붙이는 순간, 감정 처리 영역(편도체)의 활동이 줄어들고 인지 조절 영역(전전두피질)이 활성화되면서 감정에 압도당하지 않고 객관적으로 바라보는 힘이 생깁니다.

마크 브래킷은 감정에 이름을 붙이는 일 자체가 조절의 한 방법이라고 이야기합니다. 모호하던 느낌에 이름을 붙이면 선명해지면서 이해할 수 있게 되는 것입니다. 언어를 사용해 정확하게 감정을 인식하는 것이 더 분명하게 만드는 것입니다. 시는 느낌에 감정이라는 형태를 부여하고 스스로 이해하도록 만듭니다. 말로 되지 않는 것들의 목소리인 것입니다. 이처럼 감정에 이름을 붙이면 조절이 더욱 쉽습니다. 인간이 감정을 느끼는 시간은 몇 초에 불과하다고 합니다. 이처럼 감정은 순식간이므로 무시해도 된다고 생각하지만, 그 감정은 사라지지 않습니다. 언젠가는 터져 나옵니다. 그러므로 무시하거나 억누를 것이 아니라 그 감정을 확실히 하고 조절할 필요가 있습니다. 자연스럽고 충만하게 느끼되 억지로 누를 것이 아니라 조절하는 것입니다.

하버드대의 앨리슨 우드 브룩스(Alison Wood Brooks)라는 학자는 무대에 서는 가수들에게 감정을 '설렌다' 혹은 '떨린다'로 표현해보도록 했습니다. '설렌다'는 기대한다는 의미이고 반면 '떨린다'는 불안하다는 의미입니다. '설렌다'로 표현한 가수는 음정을 80프로의 비율로 정확하게 구현해냈고, '떨린다'로 표현한 가수들은 53프로의 정확도를 보였다고 합니다. 어휘가 우리의 인식을 바꾸는 것입니다.

3단계: 맥락 이해하기

감정에 이름을 붙였다면, 그 감정이 왜 일어났는지 주변 상황이나 자신의 내면 상태를 함께 살펴보며 맥락을 이해하려 노력합니다. '무엇 때문에 이 감정을 느끼는가?', '어떤 상황에서 이런 감정이 자주 발생하는가?', 해마에 저장된 과거의 어떤 경험이나 기억, 즉 '느낌의 흔적이 이 감정을 불러일으켰는가?'등을 질문해 볼 수 있습니다. 감정을 그 맥락 안에서 이해할 때, 감정은 더 이상 갑작스러운 파도가 아니라 경험 속에서 의미를 가진 신호로 다가오게 됩니다.

이 감정 구성과 명명 과정이야말로 '시명상'의 핵심 원리입니다. 시를 읽으며 시의 언어와 이미지에 몰입하는 동안, 내면에서 일어나는 미묘한 감각과 감정을 자연스럽게 '알아차리게' 됩니다. 시가 건네는 풍부한 표현들을 빌려 막연했던 감정에 정확한 이름을 '붙여주고', 시적 화자의 상황에 자신을 비추어보며 그 감정의 '맥락'을 깊이 이해하게 됩니다.

이처럼 시명상은 감정의 주인이 되는 훈련을 깊게 할 수 있는 특별한 실천이며, 더 깊은 자기 이해와 타인에 대한 공감으로 이끌어 가는 길입니다.

감정 표현을 통한 공감과 소통

감정 개념을 안다면, 즉 자신이 느끼는 감정이 무엇인지 잘 아는 사람들은 병원을 덜 방문하고 약을 덜 먹으며, 병에 걸려도 입원하는 기간이 더 짧습니다. 그러나 우리에게는 내면의 상처와 상실감을 가리고, 적어도 겉으로는 아무렇지도 않은 모습을 보여주려고 하는 욕구가 있습니다. 유리한 입장인 갑과 상대적으로 약자인 을이 누리는 감정 표현의 자유는 천지 차이입니다. 감정을 표현하면 몸도 더 건강해진다는 것은 이제 상식처럼 되었습니다. 제임스 페니베이커(James Pennebaker) 교수는 참가자들을 두 그룹으로 나누어서 글을 쓰도록 했는데, 한 그룹은 자신에게 고통스러운 이야기를 쓰고 다른 그룹은 일상의 이야기를 쓰도록 했습니다. 몇 주가 지난 후 테스트해 보니 첫 번째 그룹은 글을 쓰느라 정신적인 고통을 느꼈지만, 결과적으로는 면역 체계 기능이 향상되었고 교내 학생 센터에도 거의 방문하지 않았다고 합니다. 그러나 두 번째 그룹은 건강에 변화가 없었습니다. 감정이나 생각을 언어로 옮기면 대부분 건강이 회복되었다는 것입니다.

실제로 이런 경우를 많이 찾아볼 수 있습니다. 저의 경우, 유방암을 앓았습니다. 암의 크기가 2.9센티, 림프절까지 전이된 진행된 3기로 진단받았고 수술과 방사선, 그리고 항암 치료를 거쳐 완치 판정을 받기까지 14년이라는 긴 세월이 걸렸습니다. 글쓰기를 좋아하는 저는 암을 진단받은 그 순간부터 오늘까지 기록해오고 있습니다. 수술받기 위해 입원하던 일, 수술대에 옮겨져 마취 주사를 맞던 기억까지 모두 썼습니다. 매번 진행되는 일들을 썼지요. 항암 주사를 맞으면서 겪었던 고통과 너무 아파 잠을 자지 못하고 한밤중에 딸의 부축을 받으면서 근처 공원을 걷던 때, 근처에 집이라고는 없는, 시골 요양원에서 홀로 떨어져 지내던 일, 눈 쌓인 산의 사람이라곤 없는 기도원에서 머물던 때의 심정, 그리고 집으로 돌아와 학위를 준비하던 일까지 그때그때 썼습니다. 오늘날 돌아보면 그 글을 쓰면서 아픔을 털어놓던 그 순간들이 저를 치유로 이끌었던 과정이 아닌가 합니다.

저뿐만 아닙니다. 많은 이가 자신의 아픔을 글로 털어놓고 있습니다. 책을 낼 뿐 아니라 강연도 합니다. 감추고 싶은 개인사지만 털어놓고 보니 그런 일을 겪은 사람이 나만이 아니더라는 것입니다. 제가 좋아하는 흑인 소설가이자 시인인 마야 앤젤루(Maya Angelou)는 자전적 소설인 『새장에 갇힌 새가 왜 노래하는지 나는 아네』에서

7살 때 어머니의 남자친구에게 성폭행 당한 일을 언급하고 있습니다. 마야가 그 일을 털어놓았기에 그 남자는 삼촌들에게 죽임을 당했습니다. 마야는 이중의 고통에 시달렸습니다. 성폭행 당한 괴로움과 자신 때문에 한 사람이 죽었다는 죄의식이지요. 그녀가 쓴 글들은 오늘도 누군가에게 위안을 줄 것입니다.

저는 암치료를 받는 과정의 아픔을 매일 썼고 출판사에서 제 블로그를 보고 연락을 해왔습니다. 그렇게 해서 제 책이 나왔습니다. 고통에 관한 책이라 아무도 안 읽을 줄 알았습니다. 십여년이 지난 후, 도서관에서 강의를 듣던 한 여인이 제 책을 들고 와 저자인지를 묻더니, 살아 있어서 고맙다고 말해 주었습니다. 그래서 알았습니다. 저의 그 고통이 누군가에게는 위로이자 감동이라는 것을. 즉, 쓴다는 것은 말로 표현한다는 의미이고 고통을 수용한다는 의미이며 감정을 있는 그대로 들여다본다는 의미인 것입니다.

시명상의 사회적 연결

타인과 깊이 연결될 때 가장 중요하다고 여겨지는 능력 중 하나가 바로 '공감(共感)'입니다. 공감이란 흔히 감정의 공유라고 말하지만, 더 깊이 살펴보면 다른 사람의 감정이나 생각, 경험을 마치 나의 것인 것처럼 이해하고 느끼는 마음의 작용을 말합니다. 이 공감이라는 단어의 뿌리를 살펴보면 그 의미가 더 생생하게 다가옵니다. 공감의 독일어 단어는 'Einfühlung(아인퓔룽)'입니다. 이는 '안으로'라는 뜻의 'Ein-'과 '느낌'이라는 뜻의 '-fühlung'이 합쳐진 단어입니다. 글자 그대로 '~안으로 들어가 느끼기', 즉 '다른 사람의 마음이나 감정 속으로 들어가 함께 느끼는 것'을 의미합니다. 단순히 머리로만 이해하는 것이 아니라, 상대방의 내면으로 들어가 그 사람의 눈으로 보고 마음으로 느끼려는 적극적인 노력을 담고 있는 단어입니다.

이렇게 타인의 마음을 이해하고 함께 느끼는 공감 능력은 마음속에서 일어나는 감정을 밖으로 표현하는 행위와 깊이 연결되어 있습니다. 감정을 표현하는 것은 단순히 내 안의 것을 쏟아내는 데 그치지 않습니다. 감정 표현은 사회적 상호작용의 시작일 뿐 아니라, 나 자신의 감정을 다스리는 강력한 방법이기도 합니다. 감정을 표현한다는 것은 단순히 감상에 머무는 것이 아니라, 결과적으로 내 안의 긴장을 풀어내고 감정적 억압을 해소하는 행위이기 때문입니다. 무시하거나 억누른 감정은 사라지지 않고 무의식에 머물러 있다 언젠가 터져 나올 수 있지만, 감정을 확실히 하고 표현함으로써 건강하게 조절할 수 있게 됩니다.

여기서 시의 목적이 무엇인지 짚고 넘어가면 이해에 도움이 될 것입니다. 모든 시는 의사소통을 목적으로 쓰입니다. 의사소통이라는 표현이 와 닿지 않는다면 시인이 시를 쓰는 이유를 생각하면 좋습니다. 시뿐 아니라 모든 글은 타인에게 보여주기 위한 것입니다. 글은 기록하는 것이고, 기록은 타인에게 전달한다는 것을 목적으로 하고 있다는 의미입니다. 그러니 시인의 시를 읽는 일 자체가 시인과 의사소통을 하는 것입니다. 어떤 시를 읽으면서 그 시에 공감하고 감동 받는다면 그 시는 그야말로 목적을 아주 훌륭하게 달성한 것이 됩니다.

또한 시 읽기란 독자와 텍스트가 만나는 경험입니다. 독자는 자신만의 경험으로 시를 읽고 의미를 만들어내는 것입니다. 그것은 시가 단순히 정보를 전달하는 글이 아니라, 감각과 마음을 일깨우는 특별한 언어 예술이기 때문입니다. 시를 읽는다는 것은 그 언어에 반응하며 내면의 깊은 울림, 느낌, 생각들을 탐색하는 과정입니다. 따라서 이것을 '미학적 읽기'라고 부르기도 합니다. 같은 시를 읽어도 사람마다 느껴지는 감동이나 떠오르는 생각이 모두 다른 것은 바로 이러한 과정 때문입니다. 그것은 사람마다 삶이 달라 경험이 다르고 기억이 다르기 때문입니다. 그런가 하면 동일한 시지만, 읽을 때마다 다르게 느껴질 수 있습니다. 그동안 읽는 이인 내가 변했기 때문입니다. 읽는 조건이 달라진 것이지요.

이제 시를 읽고 촉발된 자신의 감정을 언어로 표현하는 행위가 왜 그토록 강력한 힘을 가지는지, 뇌 과학 측면을 살펴보겠습니다. 감정을 '말로 표현'하려 노력할 때, 이성적인 판단을 돕는 전두엽이 활발하게 움직이기 시작합니다. 활성화된 전두엽은 감정 경보 장치인 편도체의 과도한 활동을 진정시키는 브레이크 역할을 하며, 격렬했던 감정의 파도가 한결 잔잔해지도록 돕습니다. 또한 언어로 감정을 표현하면 신체적인 긴장이 풀리고 감정의 억압이 줄어드는 것을 경험할 수 있습니다. 이렇게 나의 감정을 표현하는 행위는 나 자신을 위한 조절일 뿐 아니라, 타인과 연결될 실마리를 만들어냅니다.

그러므로 시를 읽고 화자에게 공감하는 한편 자신의 감정을 알아
차린 후 글을 쓰는 일이 중요합니다. 이는 자신만의 감동 혹은 느낌
을 표현하는 일이기 때문입니다.

이제 한 걸음 더 나아가, 시를 읽고 촉발된 '나의 감정'을 '타인에
게 표현'함으로써, 그들의 공감을 얻고 진정한 소통으로 나아가는 과
정을 살펴보겠습니다. 표현을 통해 감정을 공유하는 일은 타인과 연
결될 수 있는 중요한 시작점이 됩니다. 즉 표현된 감정에 대해 다른
사람들이 귀 기울여 듣고 반응하며 공감할 때, 이는 타인의 내면 상
태를 이해하고 공유하려는 사회적 뇌의 핵심 기능이 작동하고 있음
을 보여줍니다. 매튜 리버만(Matthew Liberman) 같은 학자들은 이러
한 공감이야말로 사람들이 서로 연결될 수 있도록 돕는 중요한 메커
니즘이라고 설명합니다. 공감은 나로 하여금 타인의 정서적인 내면
체계를 이해하고 타인에게 또는 관계에 이로운 방향으로 행동하도
록 부추깁니다. 이러한 공감 능력은 다니엘 골먼이 강조하는 감성 지
능의 핵심 기둥 중 하나입니다.

타인으로부터 공감받는 일은 내 감정이 이해받았다는 의미입니다.
이처럼 '사회적 지지'를 경험하는 것은 곧 사회적 연결이 성공적으로
이루어졌다는 강력한 신호가 됩니다. 리버만의 이론에 따르면, 사회
적 연결과 지지는 뇌에 긍정적인 보상 신호를 보내 심리적인 안정감
과 행복감을 느끼게 하며, 사회적 고립감에서 오는 고통을 완화해주
는 효과도 있습니다. 자신의 감정을 솔직하게 표현하고 함께하는 이
들의 공감을 얻을 때, 우리는 사회적 지지를 받으며 자신이 타인과

연결되어 있음을 강하게 느끼게 됩니다.

함께 시를 읽으면 바로 이 경험을 하게 됩니다. 함께 읽는 일은 감정 표현을 통한 공감과 소통 과정이 가장 자연스럽고 깊이 있게 일어날 수 있는 장을 마련해주는 것입니다. 시는 내면의 복잡한 감정들을 표현할 수 있는 풍부하고 섬세한 언어와 비유를 제공합니다. 그 시적인 언어를 빌려 느낌을 이야기할 때, 자신의 마음을 더 깊이 이해하고 때로는 해방감을 느끼기도 합니다.

함께 읽고 감상을 나누는 일은 개인적인 경험을 타인과의 연결과 공감으로 확장시키는 사회적 행위입니다. 각자는 서로 다른 경험을 했기에 같은 시를 읽고도 다르게 느끼고 해석할 수 있습니다. 하지만 바로 그 다름으로 인해 놀라운 소통과 공감의 순간들이 피어납니다. 그 과정이 어떻게 일어나는지 좀 더 자세히 살펴보겠습니다.

여럿이 같이 시를 읽은 후 각자의 감상과 해석을 나눌 때, 서로 다른 반응과 해석이 존재한다는 것을 인지하게 됩니다. 그리고 단순히 다르다는 것을 넘어, 타인이 왜 그렇게 느꼈는지, 어떤 경험 때문에 특정 구절에 더 강하게 반응했는지 그 '이유'나 '배경'에 귀 기울일 때 공감이 시작됩니다. 다른 사람과 똑같은 감정을 느끼지 못하더라도, 말하는 이의 입장에서 그의 마음을 이해하려 노력하며 감정의 본질에 대해 간접적으로 배우게 되는 것입니다. 이는 '인지적 공감'과 '정서적 공감'이 복합적으로 작용하는 순간입니다. 서로 다른 감상을 이야기하더라도, '이 시가 어떤 울림을 주었다'는 경험을 공유하는 것만으로도 미묘한 연결감을 느낄 수 있습니다.

개인의 독특한 감정을 드러내고 공감받아 연결되는 이 과정은 중요합니다. 타인에게 자신의 감정을 솔직하게 표현하는 것은 어느 정도의 취약성을 드러내는 행위일 수 있습니다. 이때 함께하는 이들이 비판적 시선 없이 내 이야기를 경청하고 이해하려 노력하며 긍정적으로 반응할 때, 깊은 사회적 지지를 경험합니다. '감정이 타인에게 이해받고 존중받는' 경험은 강력한 긍정적 상호작용으로, 사회적 연결 필요를 충족시켜 관계를 강화하는 결과를 가져옵니다.

요약하면, 같은 시를 읽고 다르게 느끼는 각자의 주관성은 감상 공유를 통해 다름을 이해하고 그 바탕 위에서 감정적이고 경험적인 공감대를 형성하는 기회가 됩니다. 내면을 진술하게 표현했을 때 얻게 되는 타인의 공감과 지지는 강력한 사회적 지지 경험이 되어, 궁극적으로 인간의 사회적 연결 필요를 충족시키고 관계를 깊게 만드는 중요한 기능으로 작용합니다. 이 과정은 사회적, 심리적, 신경학적 과정이 복합적으로 어우러지는 의미 있는 소통 방식이라고 할 수 있습니다.

가슴을 어루만진 '다정히'
: 정호승 시인의 「산산조각」 사례

어휘와 감정 구성의 원리가 실제 시명상 현장에서 어떻게 강력하게 작동하는지 보여주는 또 다른 예가 있습니다. 교실에서 정호승 시인의 「산산조각」이라는 시를 읽었을 때 일어난 일입니다. 이 시에서 '다정히'라는 단어가 나옵니다. 화자는 멀리 네팔까지 가서 사 온 부처상을 실수로 깨뜨립니다. 놀란 화자는 어떻게든 수습해보려고 서랍에서 순간접착체를 꺼내 붙입니다. 하지만 깨어진 조각을 아무리 붙인다고 해도 온전해질 수는 없습니다.

누구나 그런 경험, 실수하고 필사적으로 되돌리려고 노력하는 경험을 한 적이 있습니다. 바로 그때, 시 속에서 부처님이 등장합니다. 부처님은 조각들을 맞추려고 애쓰는 화자의 머리를 쓸어주면서 조각 그대로도 괜찮다고 말합니다. 그냥 그 모습대로 살아가라고 말하지요. 그때 부처님의 어투는 '다정'합니다. 화자는 이 부처님의 다정한 한마디에 깊은 위로를 받습니다.

놀랍게도 많은 참가자가 이 '다정히'라는 단어에 강하게 끌렸습니다. 자신의 실수나 약점 앞에서 누군가로부터 따뜻한 위로와 용납을 받았던 경험을 강렬하게 떠올린 것이지요. 어떤 이는 이 단어를 여러 사람의 목소리로 들었으므로 더욱 깊은 위안을 받았다고 말했습니다. 각기 다른 목소리가 각기 다른 어조로 '다정히'를 읽었을 때, 마치 여러 사람이 자신을 둘러싸고 괜찮다고 말해주는 것 같았다는 것입니다. 더욱이 그 말을 하는 시 속 인물이 자비로운 존재인 부처님이었으므로, 그 경험은 더욱 깊고 강력하게 와 닿았을 것입니다. 그래서 저는 이 사례를 자료 삼아 시까지 썼습니다.

이 사례는 앞서 설명한 '감정 어휘 지도'가 어떻게 확장되고, 그것이 사회적 공감으로 이어지는지를 잘 보여줍니다. 즉 이 사례는 '다정히'라는 어휘가 참가자들의 뇌 속에 저장된 '따뜻함', '안락함', '위로', '용납'과 관련된 감정 개념과 과거의 긍정적인 경험을 강력하게 불러왔기 때문에 일어난 현상입니다. 디마지오는 이러한 신체 표지를 통해 뇌가 특정 상황에 대한 감정적 가치를 무의식적으로 빠르게 평가한다고 설명합니다. 시가 만들어낸 맥락 속에서 이 단어를 접했을 때, 뇌는 그 단어와 연결된 감정들을 예측하고 구성해낸 것입니다. 이 과정에서 과거 경험에 대한 '이미지'들이 생생하게 재활성화되고, 이것이 '다정히'라는 단어가 주는 '느낌'을 더욱 풍부하게 만들었습니다. 동일한 단어를 여러 사람의 목소리로 듣는 일은 많은 사람에게서 위로받는 느낌을 줍니다. 그러므로 위안이 더욱 강력했을 겁니다.

'다정히'는 그리 특별하거나 어려운 어휘가 아닙니다. 순순하다는 의미요, 정이 많다는 의미요, 받아 들여준다는 의미이기도 합니다. 그러나 평상시 우리는 이 어휘의 깊은 울림을 미처 다 느끼지 못할 때가 많습니다. 시명상을 통해 모두 온 마음을 다해서 시구를 읽고 느끼고 그 의미를 탐색했을 때, 비로소 '다정히'가 지닌 본래 의미와 힘이 생생하게 다가왔고 모두의 가슴을 깊이 어루만져주었기에 그런 놀라운 일이 가능했던 것입니다.

이런 연유로 해서 저는 이 책의 제목을 '가슴으로 시 읽기'라고 정했습니다. 시를 단지 머리로 분석하는 것을 넘어, 과학적 원리에 기반한 감정의 여정을 따라가며 시의 언어와 이미지를 온전히 가슴으로 받아들이는 그 과정이 곧 내면의 변화와 성장을 이끌어내는 핵심임을 이 경험들이 말해주고 있습니다.

지금까지 시를 통해 감정을 더 깊이 이해하고 표현하며, 타인과 연결되는 여정을 과학적인 관점에서 살펴보았습니다. 시명상은 단순히 시를 읽는 행위를 넘어, 뇌와 마음에 작용하는 섬세한 감정의 과학을 활용하여 자신과 타인을 더 깊이 이해하고 연결될 수 있도록 돕는 의미 있는 실천인 것입니다.

5장

일상에 스며 있는 시

앞선 장에서 감정이 어떻게 구성되고, 어휘가 감정에 어떤 영향을 미치는지 과학적인 관점에서 살펴보았습니다. 시를 통해 감정에 이름을 붙이고 그 맥락을 이해하는 것이 왜 도움이 되는지도 알아보았습니다. 그렇다면 이렇게 시명상을 꾸준히 실천하면 우리 삶과 내면에 구체적으로 어떤 좋은 변화가 일어날까요?

시명상은 머리로 시를 분석하는 공부가 아니라, 시를 통해 내 마음과 만나고 감정을 알아차리는 특별한 경험입니다. 이 경험을 통해 여러 가지 이점을 얻을 수 있습니다.

시명상은 단순히 시를 읽고 감상하는 것을 넘어, 시를 매개로 자신의 마음과 삶을 깊이 탐구하는 적극적인 실천입니다. 이러한 시명상은 니콜라스 마짜(Nicaolas Mazza) 박사가 체계화한 시치유 이론

(RES)의 깊은 통찰과 마음챙김의 핵심 원리, 그리고 인지 심리학에서 연구하는 메타 인지(Metacognition) 모델에 기반하고 있습니다. 특히 자기-조절 실행 기능(Self-Regulatory Executive Function; S-REF) 모델과 같은 현대 인지심리학 이론이 그 근거를 제공합니다. 영국의 심리학자 에이드리언 웰스(Adrian Wells) 박사와 그의 동료들이 체계화한 이 모델은, 시명상을 통해 내면의 자동 반응과 습관적 패턴을 알아차리고 건강하게 변화시키는 핵심 원리를 설명해 줍니다.

시명상 실천 과정을 통해 다음과 같은 실질적인 심리적 이점을 얻을 수 있습니다.

첫째, 시의 언어와 이미지가 촉발하는 내면의 다양한 반응(감정, 생각, 신체 감각)을 판단 없이 관찰하고 다정하게 이름을 붙이는 과정을 통해 자신에 대한 깊이 있는 이해를 높일 수 있습니다. 평소에는 무심코 지나치거나 억눌렀던 자신의 감정과 생각의 패턴을 명확히 인식하게 됩니다.

둘째, 떠오르는 감정이나 생각에 압도되지 않고 이름을 붙여 거리를 두고(이름 붙이기), 그것이 잠시 머물다 가는 현상임을 관찰하며(메타 관찰), 다정하게 흘려보내는 연습을 반복함으로써 효과적인 정서 조절 능력을 기를 수 있습니다. 감정의 파도에 휩쓸리지 않고 중심을 잡는 힘이 생겨납니다.

셋째, 생각과 감정 그 자체뿐 아니라, 그것을 알아차리고 관찰하는 자신을 다시 바라보는 과정에서 메타 인지 능력이 향상됩니다. 이는 자신의 인지 및 감정 과정에 대해 더 높은 수준에서 인식하고 통제하는 능력을 의미하며, 습관적인 인지 오류나 비합리적인 핵심 믿음의 존재를 알아차리고 더 유연하게 대처하는 힘을 키워줍니다.

궁극적으로 시명상은 독자 스스로 자신의 마음을 더 잘 이해하고 돌보는 지혜를 얻으며, 삶의 어려움 속에서도 균형과 평안을 찾아가는 여정을 지원할 것입니다.

감정 조절 능력 향상 및 스트레스, 불안 완화

시명상은 감정을 다스리고 마음의 불안이나 스트레스를 줄이는 데 도움을 줍니다. 3장에서 살펴보았듯, 감정에 정확한 이름을 붙이는 것은 뇌의 편도체 활동을 안정시키고 이성적인 전전두피질의 힘을 키워줍니다. 시는 다양한 감정을 표현하는 풍부한 어휘를 가지고 있어서, 내 감정에 꼭 맞는 이름을 찾는 데 도움을 줍니다. 예를 들어, '슬프다'는 큰 감정 대신 시에서 '먹먹하다', '서글프다'와 같은 더 자세한 표현을 발견하고 사용하게 됩니다. 이렇게 감정을 더 자세히 알면, 감정에 휩쓸리지 않고 침착하게 대처할 수 있는 힘이 생깁니다.

또한, 시에 집중해 읽는 시간은 복잡한 생각이나 감정에서 벗어나 지금 이 순간에 머무르게 합니다. 리듬과 이미지를 따라가다 보면 마음이 차분해지고 편안해지는 것입니다. 즉 시는 스트레스나 불안한 마음을 다스리는 데 도움을 줍니다.

자기 인식 증진 및 통찰력 개발

참가자 중에 70대 여성이 있었습니다. 그날 읽은 시는 「너에게 묻는다」였습니다. 첫 줄을 읽고 그 여성은 대번에 옛날 기억을 떠올렸습니다. 젊은 시절, 아직 어렸던 아들이 연탄재를 발로 차면서 신나게 놀던 모습이 떠올랐던 거지요. 연탄재는 쓰레기입니다. 그러므로 그것을 차도 아무 문제가 없었지요. 이 분은 아들이 그것을 차며 노는 모습이 아주 보기 좋았던 모양입니다. 그 말을 하는 얼굴은 환했고 웃음으로 가득 했습니다.

참가자들은 이 시의 두 번째 문장을 읽고 '나는 연탄재처럼 헌신한 적이 있는가' 하고 스스로 물었습니다. 시가 연탄재를 통해 삶의 의미를 묻고 있다는 것을 이해한 것입니다. 하지만 그 여성은 즐거운 기억에만 집중하느라, 이런 의미를 알아차리지 못했습니다. 계속 아들과 연탄재라는 당시의 기억만 반복했습니다. 두 번씩 시를 읽고 두 번째로 이야기를 나누고 거의 끝날 무렵이 되어서야, 그 여성은 혼란스러워하기 시작했습니다. 그저 쓰레기였던 연탄재가 시를 통해 '자신을 태워 남을 이롭게 한 존재'라는 상징적인 의미를 갖게 되었다는 것을 그때야 알아차렸던 것이지요.

이 이야기는 중요한 것을 알려줍니다. 통찰은 즉각적이지 않을 수 있다는 것입니다. 과거 경험이 강렬하면 할수록 표면적 경험에 그대로 머무릅니다. 그동안 자신이 가진 생각이나 익숙한 감정에서 헤어 나오기가 힘든 것이지요. 자신의 개인적 경험이나 감정을 내려놓고 맥락적 의미를 따라갈 때 혹은 다른 사람들의 경험에 귀를 기울일 때, 결국은 시를 다시 읽고 곱씹는 과정을 통해 결국 새로운 의미를 발견하게 됩니다. 그 사실을 깨달으면 자신에 대한 인식을 새롭게 하는 것이지요.

일상 속 작은 아름다움 발견 및 감사 증진

시명상은 무심코 지나쳤던 일상 속 작은 순간들이나 주변의 아름다움을 새롭게 발견하게 해주고, 삶에 대한 감사하는 마음을 키워줍니다.

시는 종종 아주 사소하고 평범한 대상을 특별한 시선으로 바라보고 섬세한 언어로 묘사합니다. 길가에 핀 작은 풀꽃, 창문으로 스며드는 햇살 한 줄기, 흔들리는 나뭇잎 소리 같은 것들을 시인은 그냥 지나치지 않고 거기에 담긴 의미나 아름다움을 발견하여 시로 표현합니다.

이러한 시를 읽는 동안, 시인의 섬세한 시선과 언어를 따라가면서 자연스럽게 우리 주변을 다시 보게 됩니다. 익숙하고 당연하게 여겼던 일상 속 풍경, 소리, 냄새, 감촉 등에 대해 다시 한번 주의를 기울이게 되는 것입니다. 그러면 그동안 잊고 있었던 감수성이 깨어납니다.

이처럼 시명상은 일상 속 작은 대상을 깊이 관찰하고, 그 속에 숨겨진 의미를 발견하도록 이끌어줍니다. 이러한 경험은 우리 삶에서도 종종 일어납니다. 저 또한 그러합니다.

어느 봄날, 아주 작고 연약한 꽃, 꽃마리를 만났습니다. 사진을 컴

퓨터에 옮기면서, 꽃줄기가 온통 털로 뒤덮여 있다는 사실을 알아차렸습니다. 식물의 생존 전략이었습니다. 수분 유지를 위해, 햇빛에 타는 것을 방지하기 위해 털, 아니 가시를 만들어냈다고 합니다. 감동적이었습니다. 어디서나 흔하게 볼 수 있는 꽃들, 너무 작아서 눈여겨보지도 않는 꽃들이지만 이처럼 놀라운 생존 전략을 발휘해오고 있다는 사실이.

작고 보잘것없는 야생화를, 어떤 편견 없이 그 자리에서 있는 그대로 자세히 바라보는 태도는 곧 마음챙김의 태도입니다. 시명상을 통해 우리는 시인의 시선을 따라 이러한 마음챙김의 태도로 일상을 관찰하는 연습을 할 수 있습니다. 크고 특별한 사건에서만 행복이나 의미를 찾는 것이 아니라, 아주 작고 사소한 순간들 속에서도 기쁨과 충만함을 느끼는 법을 배우게 되는 것입니다.

아름다움의 발견은 자연스럽게 감사로 이어집니다. 당연하게 여겼던 것 속에 숨겨진 가치를 깨닫게 되면서, 그러한 존재에 대한 감사가 커집니다. 시는 감사하는 마음을 일깨우고 표현하도록 돕는 좋은 매개가 될 수 있습니다.

창의적 사고 및 표현력 향상

'가슴으로 시 읽기'는 사고방식을 유연하게 만들고, 생각이나 감정을 더 풍부하고 독창적인 방식으로 표현하는 능력을 키워줍니다. 이는 창의성 발달과 깊이 연결 됩니다.

시는 일상 언어와 다릅니다. 익숙한 단어들을 예상치 못한 방식으로 조합하기도 하고, 눈에 보이지 않는 감정이나 추상적인 생각들을 구체적인 이미지나 비유로 표현하기도 합니다. '내 마음은 호수요'와 같은 비유나 다양한 상징들은 논리적인 사고로는 쉽게 떠올리기 어려운 신선한 연결을 만들어냅니다.

시인이 만들어낸 독창적인 언어와 비유, 이미지들을 접하면서 우리의 뇌는 활발하게 움직입니다. 시의 숨겨진 의미를 파악하고 다양한 해석을 시도하는 과정 자체가 뇌의 여러 영역을 연결하고 새로운 신경 경로를 탐색하도록 자극합니다. 이는 마치 정해진 길만 가던 것에서 벗어나 새로운 길을 만들고 탐험하는 것과 같습니다. 이러한 과정은 뇌의 인지적 유연성을 높여주고, 문제를 해결하거나 아이디어를 떠올릴 때 틀에 박히지 않은 다양한 시각으로 접근할 수 있는 힘을 길러줍니다.

정현종 시인의 시 「비스듬히」에는 "공기에 기대고 서 있는 나무들"이라는 구절이 나옵니다. 이 구절을 읽고 깜짝 놀랐습니다. 나무들이 공기에 기대고 서 있다는 생각은 해 본 적이 없습니다. 나무는 땅에 뿌리를 내리고 공기 중에 가지를 뻗고 있다고만 생각해왔던 것이지요. 그러니 나무들이 공기에 기대고 있다는 표현은 그야말로 놀라웠습니다.

생각해보면 나무가 서 있을 수 있는 것은 공기가 있기 때문입니다. 공기가 없다면 나무가 자랄 수 있을까요? 공기가 없다면 나무는 호흡이 멈추고 수분 증발도 불가능하게 되며 광합성도 중단하게 됩니다. 어디 그뿐일까요. 자외선도 고스란히 받게 되겠지요. 결국 공기는 나무가 숨 쉬고 먹고 수분을 조절하도록 하며 외부의 위험으로부터 보호합니다.

물론 시인이 그 사실을 지적하고자 한 것은 아닙니다. 화자는 세상 만물이 서로 기대고 있다는 말을 하고자 했지요. 서로에게 영향을 받고 있음을 말하려 한 것이었습니다. 사실 비스듬히란 다소 기울어져 있다는 의미지만 기대기 위해서는 비스듬해야 합니다. 사람은 서로 기대고 살아갑니다. 그렇기에 사람 인(人)자는 양쪽 모두가 비스듬하지요. 그러므로 '비스듬히'란 세상 모든 사람, 세상 만물이 서로 연결되어 있다는 연기(緣起)를 말하지만, 나무가 공기에 기대어 서 있다는 표현으로 읽는 이의 눈을 번쩍 뜨도록 만드는 것입니다.

이처럼 시는 새로운 시야를 열어줍니다. 독창적인 표현이 익숙한 것을 다르게 보고 새로운 생각을 떠올리도록 돕습니다. 이렇게 시를 통해 얻은 새롭고 깊이 있는 생각이나 깨달음은 그것을 표현하고 싶은 마음으로 이어지며, 풍부한 시어는 그러한 생각들을 더욱 다채롭고 생생하게 표현하도록 돕습니다. 즉, 시는 새로운 생각을 떠올리는 힘과 그 생각을 잘 표현하는 힘을 함께 길러줍니다.

시를 읽고 그 독창적인 표현 방식을 접하는 것은 표현력 자체를 향상시키는 직접적인 효과도 있습니다. 생각이나 감정을 이야기할 때, 단순히 사실을 전달하는 것을 넘어 시적인 언어처럼 더 깊고 풍부하며 생생한 방식으로 표현할 수 있게 되는 것입니다. 이는 글쓰기나 말하기 등 다양한 형태의 자기표현 능력을 향상시키는 데 도움을 줍니다.

시를 통해 얻은 새로운 통찰과 표현력은 자기 언어로 표현하는 시명상의 마지막 단계에서 절정에 이릅니다. 시를 읽고 감상하며 시인이 전하고자 하는 메시지를 알아차리는 것에서 한 걸음 더 나아가, 그 순간 떠오른 생각이나 느낌을 글로 쓰는 행위는 감정 조절과 치유를 위한 매우 강력한 도구가 됩니다. 앞서 언급한 바 있는 글쓰기에 관한 페니베이커의 연구는 자신의 감정이나 트라우마를 글로 표현하는 것만으로도 신체적, 정신적 건강이 향상될 수 있음을 보여줍니다. 오롯이 나 자신에게 집중하여, 시가 불러일으킨 감정의 파동을 언어로 옮기는 과정은 페니베이커가 강조하는 표현적 글쓰기의 핵심이며, 이 과정은 뇌의 전두엽을 활성화하여 감정을 명확히 인식하고 통제하도록 돕습니다.

이러한 글쓰기의 신경과학적 효과는 신경과학자 다니엘 시겔(Daniel Siegel)이 강조하는 마인드사이트(Mindsight)의 핵심적인 부분과 맞닿아 있습니다. 마인드사이트는 자신의 내면 상태를 이해하고 감정과 생각을 조절하며 타인의 감정까지 공감할 수 있는 능력을 의미합니다. 즉 마인드사이트는 마음의 여러 요소를 통합하는 능력을 키워주며, 글쓰기는 이러한 내면의 통합을 위한 효과적인 수단이 됩니다. 결국, 시명상 후의 글쓰기는 단순한 감정 치유를 넘어 내면의 깊은 통합과 성장을 촉진하는 과정이라 할 수 있습니다.

정리하면 느낌을 쓰는 행위는 복잡한 감정을 정리하고 내면의 긴장을 해소하는 자기 조절의 과정입니다. 기록된 글을 혼자 간직하거나 찢어버려도 상관없습니다. 이 점에서 나탈리 골드버그(Natalie Goldberg)의 『뼛속까지 내려가 쓰라』는 거의 선구적입니다. 오래도록 선명상을 해온 그녀는 글을 내키는 대로 마구 써 내려가라고 강조합니다. 어떤 시선도 의식하지 않고 심지어는 자신의 검열조차 거치지 않는 이 과정은 내면의 목소리를 믿는 방법입니다. 솔직하고 진실한 이 글쓰기에는 상대방의 마음을 움직이는 에너지가 실리게 됩니다. 중요한 것은 나의 감정을 언어라는 형태로 구체화하는 바로 그 과정입니다.

얼마 전에는 사제와 스님과 언론인이 기획한 강연에 참석했습니다. 성공회 대성당에서 열린 그 강연에 많은 이가 참석했고 이 유명인들은 가정사, 아픈 경험을 솔직하게 나누었습니다. 그들은 어린 시절에 겪었던 불행한 가족사를 털어놓음으로써 스스로 치유했고 건강해졌습니다. 여전히 아픔으로 남아 있기는 하지만 다른 부분에 비하면 그 아픔은 아주 작아져 버린 것이지요. 그들은 모두 경험을 글로 썼습니다. 그 경험을 발전시켜 각자의 영역에서 종사하고 있는 것이지요. 저는 손을 들어 누구나 감추고 싶어할 법한 그 일을 어떻게 털어놓을 수 있었는지를 물었습니다. 그 경험을 타인과 나눔으로써 타인들을 위로하고 격려하고 싶었다는 답이 나왔습니다.

이처럼 글을 쓰는 일은 참으로 소중합니다. 자신뿐 아니라 타인도 치유로 이끄는 것입니다. 이 일은 모임에서도 동일합니다. 모임의 마지막에는 각자 글쓰기나 그림, 혹은 다른 방식으로 마무리를 짓습니다. 대부분은 시에 대한 감상을 마무리짓는 표현을 하지만 때때로 상당히 좋은 시와 표현들이 나옵니다. 모든 과정을 압축한 표현이 나오기도 하지요. 이 마지막 과정에서 창조력이 발휘되기도 하는 것입니다.

정리하자면, 시명상은 시의 독창적인 언어와 구조를 접하고 해석하는 과정을 통해 뇌의 창의적 사고 능력을 자극하고 인지적 유연성을 높입니다. 또한 시가 제공하는 풍부한 표현 방식을 통해 자신의 생각과 감정을 더욱 다채롭고 깊이 있게 표현하는 능력을 길러주어 창의적 사고와 표현력 향상에 기여합니다.

공감과 관계 개선

시명상은 타인의 마음을 더 깊이 이해하는 공감 능력을 키워주고, 다른 사람들과 더 따뜻하게 연결되는 관계 개선에도 긍정적인 영향을 줍니다. 우리는 혼자 살아가는 존재가 아니라 다른 사람들과 관계를 맺으며 살아갑니다. 관계가 좋으면 행복감과 안정감이 높아집니다.

시는 다양한 사람의 삶과 감정, 생각, 경험을 담고 있습니다. 화자의 기쁨, 슬픔, 불안, 사랑, 희망 등 여러 감정들을 간접적으로 접하면서, 타인의 내면세계를 엿보게 됩니다. 시를 읽고 화자의 입장에 서보려고 노력하는 과정은 자연스럽게 공감 능력을 키워줍니다. 그 상황에서는 그럴 수 있다고 타인의 마음을 이해하려는 마음이 생깁니다.

3장에서 매튜 리버만 같은 학자들의 연구를 통해 '공감'이 타인의 마음을 이해하는 사회적 뇌의 중요한 기능임을 살펴보았습니다. 시를 통해 다양한 감정 세계를 간접 경험하는 것은 이러한 공감 능력을 훈련하는 좋은 방법입니다. 공감 능력이 향상될수록 타인을 더 깊이 이해하게 되고, 이는 곧 다른 사람들과 더 원만하고 의미 있는 관계를 맺는 기반이 됩니다.

또한, 모임처럼 시를 읽고 서로의 감상이나 느낌을 나누는 활동은 매우 특별한 경험을 제공합니다. 같은 시를 읽고도 사람마다 떠오르는 생각이나 감정이 다를 수 있습니다. 왜 다른지 서로의 이야기를 귀 기울여 들으면서, 타인의 다양한 경험과 관점을 이해하게 됩니다. 그런가 하면 자신이 미처 깨닫지 못했던 면모를 알아차릴 수 있는 것입니다.

에이다 리몽의 「비옷」이라는 시를 읽을 때 일입니다. 이 시는 척추가 휜 화자가 치료받으러 다니던 이야기를 묘사하고 있습니다. 어릴 때 시작된 치료는 중년이 된 지금도 계속되어 화자는 이제 직접 운전하면서 치료받으러 다닙니다. 비바람이 불던 어느 날 화자는 한 엄마가 딸에게 비옷을 입혀주는 모습을 목격합니다.

처음 읽을 때 모두는 어머니의 사랑에 끌렸습니다. 어머니가 자신의 일상을 희생하고 헌신하는 과정이 인상적이었던 것입니다. 참가자는 모두 중년 이상이었습니다. 어릴 때는 몰랐던 어머니의 마음을 이해하는 계기였습니다. 각자가 추억을 꺼내 나누었습니다. 누군가는 도시락을 싸주던 어머니를, 또 다른 이는 자신의 꿈에 귀를 기울여주던 어머니를 떠올렸습니다.

두 번째 읽을 때였습니다. 누군가가 "엄마가 어떤 꿈을 가졌는지 물어본 적이 없네요."라고 거의 외치다시피 말했습니다. 뒤통수를 맞은 것 같았습니다. 그랬습니다. 어머니를 어머니로만 생각하고 있었지 한 개인으로, 한 소녀로, 꿈 많은 아가씨로 생각해본 적이 없었던 겁니다. 어머니는 엄연히 한 명의 사람인데 불구하고 어머니라는 역할로만 생각하고 있었던 것이지요.

어느 여인이 생각났습니다. 오래전 일이지만 그녀의 표정, 음성은 바로 조금 전에 보고 들은 것처럼 생생했고 그 장소 또한 선명하게 떠올랐습니다. 마흔 살이 가까운 나이였지만, 그녀는 "이해해, 엄마도 사람이야. 그래도 엄마는 엄마잖아!" 하고 소리쳤습니다. 그녀는 머리로는 이해했지만, 가슴으로는 엄마가 한 개인이라는 사실을 수용하기 힘들었던 것입니다.

이런 이야기를 나누면 나도 그렇지 않은가 하는 생각이 들기 마련입니다. 그래서 자신을 돌아보았습니다. 딸이며 어머니인 나는 어떤지를 돌아보았습니다. 그리고는 알아차렸습니다. 우리가 어머니로서 역할을 했지만, 자신의 꿈을 위해서도 무언가 해왔듯, 나의 어머니도 그러했을 것이라고 알아차렸던 것이지요. 혼자였다면 아마도 어머니의 희생만을 생각했을 겁니다. 그러나 여러 사람이 함께 했기에 여러 면모를 돌아볼 수 있었고 마침내는 한 여성으로서의 어머니 모습, 그리고 자신의 모습마저 돌아볼 수 있었던 것입니다.

이처럼 함께 깊이 읽으면, 다양한 일이 일어납니다. 특히 여러 사람이 시를 통해 촉발된 자신의 감정을 표현하고, 그것을 다른 사람이 들어주고 이해해 줄 때, 깊은 연결감과 사회적 지지를 경험합니다. '솔직한 내 감정이 타인에게 이해받고 존중' 받는 경험은 매우 강력한 긍정적 상호작용으로, 사회적 연결 필요를 충족시켜 관계를 강화하는 결과를 가져옵니다. 함께 시를 읽는 일은 다른 사람들과 효과적으로 상호작용하고 관계를 성공적으로 관리하는데 기여하는 것입니다.

6장

실천 가이드

시명상을 위한 몸과 마음의 환경 조성

시명상을 하기 위해 특별한 장소나 많은 시간이 꼭 필요한 것은 아닙니다. 하지만 몇 가지 간단한 준비를 하면 마음을 좀 더 편안하게 가라앉히고 시에 집중하는 데 도움이 될 수 있습니다. 마치 친구와 깊은 이야기를 나누기 위해 조용하고 방해받지 않는 자리를 찾는 일과 같습니다.

공간: 가능하면 외부 소음이나 방해로부터 조금 벗어날 수 있는 조용한 공간을 찾는 것이 좋습니다. 잠시 온전히 자신과 시에 집중할 수 있는 곳이면 충분합니다. 방 안의 한구석, 창가 자리, 혹은 사람이 드문 시간대의 공원 벤치도 좋습니다.

산만함 줄이기: 이 시간 동안에는 휴대폰 알림을 끄거나 잠시

멀리 두고, 주변에 시선이 가는 물건들을 정리하여 마음이 산만해지는 것을 최소화합니다.

시간 안배: 매일 긴 시간을 내기는 어렵습니다. 짧더라도 꾸준히 할 수 있는 시간을 정하는 것이 중요합니다. 아침에 일어나서 5~10분, 점심시간에 잠시, 잠자리에 들기 전 10~15분 등 자신의 생활패턴에 맞춰 시명상을 위한 시간을 확보합니다.

조급해하지 않기: 처음부터 길게 하려 하거나 완벽한 상태에서 시작해야 한다는 생각에 조급해하지 않습니다. 단 5분이라도 괜찮습니다. 중요한 것은 꾸준히 시와 마음을 만나는 시간을 가지는 것입니다.

예상치 못한 방해에 유연하게 대처하기: 정해둔 시간이나 장소에서 계획대로 되지 않을 수도 있습니다. 갑자기 할 일이 생길 수도 있습니다. 그럴 때는 실망하거나 자신을 탓하기보다 '오늘은 멈추고 나중에 다시 시도해야겠다' 하고 유연하게 대처하는 마음을 가집니다. 시명상은 유연한 마음으로 자신에게 맞는 방식을 찾아가는 과정입니다.

편안한 자세: 시명상을 할 때 어떤 자세를 취해야 할까요? 명상이라는 어휘만 들어도 '가부좌를 틀고 앉아야 한다'는 생각에 부담을 느낄 수도 있습니다. 하지만 시명상에서 가장 중요한 것은 몸의 긴장을 풀고 편안함을 느끼는 것입니다. 몸이 편안해야 마음에 온전히 집중할 수 있기 때문입니다. 자신에게 가장 편안한 자세를 찾는 것이 중요합니다.

앉는 자세(가장 기본적인 자세): 앉는 자세는 시명상의 가장 기본적이고 권장되는 형태입니다. 그러나 가장 중요한 것은 어떤 자세를 선택하든, 몸에 무리가 가지 않고 편안함을 느끼면서도 너무 이완되어 잠들지 않도록 적절한 균형을 찾는 것입니다. 자신에게 가장 편안하면서도 깨어 있는 마음으로 시를 만날 수 있는 자세를 찾아 여정을 시작하시기 바랍니다.

보이지 않는 울림 알아차리기: 시명상을 한다고 해서 바로 마음이 평온해지거나 감정 문제가 해결되는 것은 아닙니다. 어떤 날은 시가 마음에 전혀 와 닿지 않을 수도 있고, 오히려 복잡한 감정이 올라올 수도 있습니다. 시는 때로 명확한 답을 주기보다 어휘와 어휘 사이, 혹은 문장과 문장 사이에서 생겨나는 보이지 않는 미묘한 울림과 여백을 통해 다층적인 의미를 품고 질문을 던집니다. 이러한 경험에 실망하거나 '나는 안되는구나' 하고 조급해하지 않습니다.

시명상은 결과보다는 시의 언어와 상징 속에서 '지금 여기' 일어나는 내면의 울림, 특히 시어와 시어 사이의 보이지 않는 미묘한 진동과 마음에 주의를 기울이는 과정 자체에 의미가 있습니다. 시가 가진 모호함과 불확실성을 있는 그대로 받아들이고, 즉각적인 이해나 해답을 강요하지 않는 인내심을 연습하는 것은, 복잡하고 불확실한 상황을 대하는 태도에도 긍정적인 영향을 줍니다. 시가 속삭이는 여백의 미학을 통해, 조급함을 내려놓고 기다리는 미덕을 배울 수 있습니다.

시적 상상력의 열매, 자애

시명상 중 마음이 자꾸 다른 곳으로 흘러가거나 집중하기 어려울 때가 있습니다. 이때 자신을 비판하거나 자책하지 않는 것은 모든 명상의 기본적인 태도입니다. 시명상에서는 시의 언어와 이미지가 상상력을 자극하여 친절함과 수용, 곧 자애(慈愛)의 태도를 더욱 깊고 구체적인 방식으로 길러냅니다.

시를 통해 깊은 상처나 예상치 못한 강렬한 감정이 촉발될 수 있고, 시어의 난해함 때문에 즉각적인 이해가 어려워 좌절감을 느낄 수도 있습니다. 이러한 순간에 부드럽게 주의를 시의 한 구절이나 마음에 남았던 이미지, 혹은 시가 불러일으킨 특정 감각으로 다시 가져오는 것이 중요합니다. 시는 '괜찮다'고 속삭일 겁니다.

시명상은 자신에게 완벽함을 요구하는 시간이 아니라, 시의 언어와 이미지 속에서 자신의 복잡하고 다층적인 내면을 너그럽게 만나고 수용하는 방법입니다. 시가 가진 서정성과 어떤 감정도 비판단적으로 포용하는 예술적 유연함은, 자신에게 더욱 다정하고 인내심을 가지도록 이끄는 강력한 안내자 역할을 하며, 이는 자애로운 마음으로 귀결됩니다.

시의 다의성 뒤져보기

시는 읽는 사람에 따라 수많은 해석과 울림을 허용하는 다의적인 예술입니다. 그러므로 특정 시에 대해 미리 어렵다거나 싫다고 생각할 필요가 없습니다. 실제로 시명상이라는 말만 들어도 시는 어렵다고 말하는 사람들이 대부분입니다. 저 또한 그러했습니다. 그러나 시는 다양한 결을 갖고 있으며, 시명상은 자신 안에 어떤 울림이 일어나는지 탐색하는 여정입니다. 알 수 없는 시어나 난해한 표현이 나오더라도 그 뜻을 분석하기보다 그저 그 소리나 느낌, 이미지를 따라가 봅니다.

열린 마음과 호기심을 가지고 시가 건네는 초대에 기꺼이 응하면 시명상이 더욱 풍요로워집니다. 시의 다의성을 탐색하는 이러한 태도는, 내면에서 일어나는 생각과 감정, 그리고 삶의 복잡한 상황 속에서도 옳고 그름을 판단하기보다 다양한 가능성을 탐색하고 유연하게 받아들이는 인지적 유연성으로 이어집니다. 시를 통해 얻는 다각적인 시선은 비판단적인 마음가짐을 자연스럽게 길러줍니다.

시적 심상화를 통한 내면 디자인

일반적으로 명상 중 떠오르는 생각, 감정, 감각에 대해 '좋다', '나쁘다'와 같은 판단이나 평가를 덧붙이지 않고 그저 알아차리고 합니다. 시명상에서는 시가 촉발하는 '심상화' 과정을 통해 이 알아차림의 태도가 더욱 깊고 역동적으로 확장됩니다. 슬픔, 불안과 같은 어려운 감정이 느껴지더라도 피하거나 밀어내려 하지 않고, 시가 그 감정을 어떤 언어로, 어떤 비유로 담아내었는지를 따라가며 내면에서 생겨나는 이미지와 감각을 그대로 느껴봅니다.

이러한 태도는 일상생활에서도 자신과 타인의 감정과 상황을 더 깊이 이해하고 수용하는 데 도움을 줄 뿐 아니라, 문제 상황을 새로운 관점으로 바라보고 재구성하는 창의적인 통찰로 이어질 수 있습니다. 시적 심상화를 통해 자신의 내면 세계를 더욱 의식적으로 '디자인'하고 변화를 이끌어 낼 수 있습니다.

2부

시와 함께 하는 내면 여행

왜 우리는 시를 좋아할까요. 그것은 시가 마음을 울리기 때문입니다. 시어와 이미지, 그리고 리듬이 마음 깊은 곳에 닿아 특별한 감동과 생각의 파동을 일으키기 때문입니다. 시는 읽는 이의 마음에 파문처럼 퍼지며, 오래도록 잊히지 않는 감동과 사유의 흔적을 남깁니다. 이러한 시의 울림은 단순한 감정적 반응을 넘어, 우리의 마음과 몸에 스며들어 내면의 에너지를 깨우고 삶의 활력을 불어넣는 힘을 갖습니다.

제2부에서는 실제로 시명상이라는 새로운 마음 여행을 시작합니다. 이 여정을 위해, 익숙한 시들을 길동무로 선정했습니다. 익숙함이야말로 '초심자의 마음'을 훈련하는 가장 좋은 출발점이 되기 때문입니다. 이미 안다고 생각했던 시의 구절 속에서 새로운 의미를

발견하고, '지금, 여기'의 눈으로 시를 새롭게 만나는 놀라운 경험을 하게 될 것입니다.

이 시들을 통해 익숙함 속에 숨어 있는 낯섦, 일상에 깃든 영원, 자연과 인간, 그리고 자아와 세계의 경계를 탐구하게 될 것입니다. 즉 명상의 시각으로 바라볼 때, 이 시들에서 새로운 통찰과 깊이를 발견할 수 있습니다.

이 마음 여행은 크게 세 가지 단계를 거칩니다. 각 장의 안내를 따라는 동안, '감정을 충분히 누리라'는 조금 낯선 초대를 받게 될 것입니다. 그것은 평소 사회적 시선과 내면의 검열관 때문에 감정을 억누르는 데 익숙하기 때문입니다. 시명상은 바로 그 닫힌 문을 열고, 어떤 감정이든 판단 없이 알아차리고, 온전히 머무르며 충분히 경험하도록 안내합니다. 이 '충분한 경험'을 통해서 억압된 감정의 정체를 비로소 이해하고, 그것으로부터 자유로워질 수 있습니다.

이제 각 장의 안내에 따라 시와 함께 직접 3단계의 여정을 경험하며, 마음과 깊이 연결되는 소중한 시간을 갖게 되기를 바랍니다.

아홉가지 마음챙김 태도로 구성된 여정

2부는 모두 아홉 개의 장으로 구성되어 있으며, 각 장은 주제 중심으로 시명상 실천을 안내합니다. 이 주제들은 일상에서 '나'를 깊이 이해하고 성장하는 데 필요한 마음챙김의 아홉가지 태도-"판단하지 않기, 인내심, 초심, 신뢰, 애쓰지 않음, 수용, 내려놓음, 감사, 연민"-에서 영감을 받았습니다. 이 아홉가지 태도는 명상의 기본적인 원리이자, 삶의 지혜를 깊이 이해하고 평화로운 마음 상태에 이르는 길을 제시하는 보편적인 가치입니다.

이 아홉가지 태도는 인간이 삶에서 겪는 감정과 사건, 그리고 그에 대한 반응의 본질을 아우르는 근원적인 원리입니다. 삶의 모든 기쁨과 슬픔, 성공과 실패는 이 태도들의 프리즘을 통해 어떻게 인식하고 반응하는지에 따라 의미가 달라집니다. 예를 들어, '판단하지 않기'는 혼란스러운 감정 속에서 객관성을 유지하게 하고, '수용'은 피하고 싶은 고통마저 품을 힘을 줍니다. 이처럼 아홉가지 태도는 모든 삶의 순간에 적용될 수 있는 강력한 내면의 도구이자, 인간의 경험을 운영하는 하나의 '체제'라고도 볼 수 있겠습니다.

따라서 2부에서는 아홉가지 태도를 각 장의 주제로 삼아, 그 의미와 실천을 깊이 탐색할 수 있는 시들을 엄선했습니다. 이제 각 장의 시들을 통해 시명상 3단계(개인적 경험과 연결 → 보편적 메시지 탐색 → 나의 언어로 기록)를 실제로 연습하게 될 것입니다. 이 과정에서 특정 시에 대한 감상을 넘어, '감정은 조건에 따라 만들어진다'는 핵심 깨달음을 직접 체득하고, 삶의 모든 순간에 적용할 수 있는 내면의 지혜를 기르게 될 것입니다.

2부에서의 집중적인 시명상 실천은, 3부에서 시명상을 당신의 일상생활에 온전히 스며들게 하고, 삶의 어떤 상황에서도 시를 통해 평화와 지혜를 찾아갈 수 있는 강력한 기반이 되어줄 것입니다.

각 장에는 해당 주제와 연결되는 두 편의 시가 담겨 있습니다. 먼저 해당 주제에 대한 짧은 안내 후, 시들을 만나 다음처럼 3단계의 시명상을 실천하게 될 것입니다.

1단계: 경험하기-시와 나의 첫 만남

이 단계는 시의 언어, 이미지, 리듬이 당신의 내면에서 어떤 울림을 만드는지 알아차리는(Awareness) 과정입니다. 특정 구절에서 가슴이 뛰거나, 잊고 있던 기억이 떠오른다면, 그것이 바로 시와 당신의 마음이 처음 만나는 순간입니다. 어떤 감정이 느껴지지 않는다고 해도 괜찮습니다. 인상적인 구절을 찾으면 됩니다.

여기에서는 이 직관적인 반응을 그저 관찰하고, 그로 인해 떠오른 느낌, 감정, 생각에 '감정 멍멍(Affect Labeling)', 즉 이름을 붙여주는 연습을 합니다. 감정을 알아차리고 이름 붙이기, 이것은 자기의 내면을 있는 그대로 수용하는 시명상의 중요한 첫걸음입니다.

2단계: 탐색하기-시 속 이정표 따라가기

이 단계는 1단계에서 경험한 개인적 감정에서 한 걸음 물러나(탈중심화, De-centering), 시인(작품)이 전하려는 보편적인 메시지와 지혜를 탐색하는 과정입니다. '내가 왜 이 감정을 느낄까?'라는 자기중심적 관점에서 벗어나, '이 시는 삶에 대해 무엇을 말하고 있는가?'라고 질문을 전환하며 '뮤즈의 속삭임'에 귀를 기울입니다.

이 과정을 통해 내 경험이라는 고정관념에서 벗어나, 시가 보여주는 더 넓은 세상과 삶의 진실을 발견하는 마음의 눈을 뜨게 됩니다. 반복적인 연습을 통해, 감정이 특정 조건으로 인해 일어났다 사라지는 현상임을 깨닫고, 감정의 지배에서 벗어나 내면의 평화와 자유를 찾아가는 명상의 근원적인 길을 발견하게 될 것입니다.

3. 통합하기 – 나의 언어로 표현하기

마지막 단계는 앞선 1, 2단계에서 경험한 모든 울림과 깨달음을 '나의 언어'로 기록하며 온전히 자신의 것으로 만드는, 시명상 여정의 정점입니다. 흩어져 있던 감정과 생각, 그리고 새로운 통찰을 글로 엮어내는 이 과정은 단순히 경험을 정리하는 것을 넘어, 다음과 같은 깊은 변화를 이끌어냅니다.

첫째, 나를 치유하고 통합합니다. 내면을 진솔하게 기록하는 행위는 억압된 감정을 안전하게 해소하고, 복잡했던 마음을 정리하여 자신을 치유하는 강력한 과정입니다.

둘째, 깨달음을 내면화하고 뇌를 재구성합니다. 시를 통해 얻은 통찰을 나의 언어로 재구성하는 것은, 뇌에 새로운 의미의 회로를 각인시키는 '신경 가소성'의 원리를 활용하는 것입니다. 이는 새로운 시냅스를 연결하고 신경망을 재배열하는 창조적 작업이며, 통찰을 일시적인 감동이 아닌 지속적인 지혜로 내면화하는 과정입니다.

셋째. 느낌을 적어가는 동안 새로운 생각이 솟아납니다. 내 안의 역동을 좇는 동안 새로운 표현이 나오는 것입니다. 때로 아주 새로운 표현이 나오기도 합니다. 이 기록 과정을 통해, 시를 통해 얻은 새로운 시각과 자신에 대한 깊은 이해를 바탕으로, 실제 삶의 태도

나 행동에 긍정적인 변화를 만들어가는 구체적인 힘을 얻게 될 것
입니다.

7장
처음 만나는 세상처럼

비가 내리기 시작했습니다. 사람들의 걸음이 빨라지기 시작했지요. 누군가는 우산을 받쳐 들었고 또 다른 누군가는 그대로 걷고 있었습니다. 차창에 빗물이 흘러내리고 있었습니다. 스쳐 가는 사람들이, 건물들이 일그러지면서 한순간 추상화처럼 보였습니다. 버스가 신호등에 걸려 멈추었고, 무심코 창밖을 내다보았습니다. 사람들이 서둘러 길을 건넜습니다. 문득 한 여인이 눈에 띄었습니다. 그 여인은 앉아 있었습니다. 아니 앉은 것처럼 보였지요. 허리를 구부리고 있었으니까요.

그녀는 아이에게 비옷을 입혀주고 있었습니다. 그러느라 정작 자신은 온통 비를 맞고 있었습니다. 버스가 떠났기에 다음은 보지 못했습니다. 그건 흔한 광경일 겁니다. 하루에 일어나는 모든 일, 대통

령 선거, 교황 선출 등의 엄청나게 중요하다고 여겨지는 사건들에 비하면 이 사건은 아무 것도 아니지요.

그러나 엄마가 달려와 아이에게 비옷을 입혀주는 이러한 사건들이 없다면 이 세상은 존재하지 않을지도 모릅니다. 매일 손에 쥐는 물건들, 지나치는 거리 풍경 속의 존재들, 집 안을 채우고 있는 살림들, 어디론가 데려다주는 교통수단들, 이 모든 사물은 삶의 배경이 되거나 목적 달성을 위한 도구로 여겨지기 쉽습니다. 우리는 그들의 기능에는 익숙하지만, 정작 그 사물 자체의 '존재'나 그 안에 담긴 깊은 의미, 혹은 그것이 내면에 불러일으키는 미묘한 울림에 대해서는 무심할 때가 많습니다.

이 장에서는 흔한 사건들, 일상들, 사물들을 이야기합니다. 사물을 그린 시는 시선을 외부 세계의 작고 평범한 존재들에게로 향하게 하고, 그들을 선입견 없이, 있는 그대로 바라보도록 합니다. 이 과정을 통해 익숙함 속에 숨겨진 아름다움과 예상치 못한 깨달음을 얻을 수 있으며, 이는 곧 자신과 세상을 새롭고 연결된 시선으로 바라보게 하는 힘을 얻게 되는 것이지요. 이 사물들은 지금 현재에 우리를 붙들어 매는 강력한 밑바탕이 되어줍니다.

이 장은 마음챙김의 가장 기본적인 태도 중 하나인 '초심자의 마음'과 깊이 연결됩니다. 익숙한 것을 낯설게, 평범한 것을 새롭게 바라보는 '초심자의 마음'으로 일상의 사물과 자연을 만날 때, 그 안에 숨겨진 본질적인 아름다움과 삶의 진실을 발견하게 됩니다. 이제 이러한 초심자의 마음으로 두 편의 시를 만나보겠습니다.

첫 번째 시

돌담에 속삭이는 햇발
_김영랑

돌담에 속삭이는 햇발같이
풀 아래 웃음짓는 샘물같이
내 마음 고요히 고운 봄 길 위에
오늘 하루 하늘을 우러르고 싶다

새악시 볼에 떠오는 부끄럼같이
시의 가슴 살포시 젖는 물결같이
보드레한 에머랄드 얇게 흐르는
실비단 하늘을 바라보고 싶다

'가슴으로 시읽기' 안내:

이 시를 천천히 읽어보세요. 소리 내어 읽거나 마음속으로 읽습니다. 시어가 감각과 마음에 어떻게 와 닿는지 느껴봅니다. 봄날의 풍경과 시적 화자의 내면 풍경을 따라가 봅니다.

[1단계: 경험하기 – 시와 나의 첫 만남]

이 단계에서는 시가 과거 경험과 만나 감정을 '만들어내는' 과정을 온전히 경험해봅니다.

- 첫 울림: 시 전체를 소리 내어 읽거나 눈으로 천천히 읽어봅니다. 어떤 구절, 단어, 혹은 이미지가 가장 먼저 다가왔는지 알아차립니다.
- 경험과 연결하기: 그 구절이 왜 특별하게 느껴졌는지 자신에게 물어봅니다.
- 감정 알아차리기: 그 기억과 함께 떠오른 감정이나 신체 감각을 알아차립니다.
- 천천히 그 감정을 누리면서 그 감정을 겪도록 한 사건을 돌아봅니다.
- 감정에 이름붙이기: 자신이 느끼는 가장 강력한 감정에 이름표를 붙여줍니다.
- 이제 감정과 기억을 책 페이지를 넘기듯 내려놓습니다. 혹은 한 호흡을 내쉬면서 내보낸다고 생각합니다.

[2단계: 탐색하기 – 시 속 이정표 따라가기]

'시 속의 이정표'를 따라가 시 전체가 전하려는 메시지를 탐색합니다.

- 시는 "돌담에 속삭이는 햇발같이 / 풀 아래 웃음짓는 샘물같이"로 시작합니다. 햇발과 샘물은 각기 어떤 역할을 하고 있는지 그 의미를 찾아봅니다. 또한 '속삭이는'과 '웃음 짓는'을 읽는 내 마음은 어떻게 변하고 있는지 생각해봅니다.
- 화자는 왜 '햇발'이 '속삭인다'고, '샘물'이 '웃음짓는다'고 표현했을까요?
- '새악시 볼의 부끄럼' '실비단 하늘'과 같은 표현은 마음의 어떤 상태를 묘사하는지 생각해봅니다. 이 표현의 이미지를 떠올려봅니다. 이 표현들이 만들어내는 분위기를 알아차립니다.
- '보드레한 에머랄드'라면 어떤 색깔이 떠오르나요?
- 1연과 2연은 '싶다'로 모두 끝납니다. 시 속 화자가 가고 싶은 곳, 하고 싶은 일은 무엇일까요?
- 전체적으로 시적 화자가 묘사하는 장소와 그 일은 무엇인지 생각해봅닌다.

[3단계: 통합하기 - 나의 언어로 표현하기]

나의 언어로 표현하는 이 일이 막연하게 느껴질 수 있습니다. 저는 이 시를 읽고 나름대로의 경험과 통찰을 다음처럼 썼습니다. 호기심을 가지고 바라보는 관찰을 통해 김영랑처럼 나의 평온한 장소를 찾아낸 것이지요. 그러니 이 글은 하나의 실례일 뿐, 정답이 아닙니다. 중요한 것은 어디까지나 내 언어로 표현하는 일입니다.

나의 '돌담'과 '샘물'을 찾아서

김영랑 시인이 '내 마음 고요히' '하늘을 우러르고 싶다'고 노래했을 때 그곳은 그리운 장소였을 것입니다. 돌담에 햇발 내리듯 환하고 풀숲에 샘물이 웃고 있듯 평온한 곳이었겠지요. 저는 한옥의 마당을 떠올립니다. 대청마루에 앉아 내려다보던 그 마당에는 햇살이 담뿍 쏟아지고 있었습니다. 마치 햇살이 통통 튀는 것처럼 느껴지던 곳. 김영랑의 '돌담'이자 '풀 아래 샘물'과도 같은, 고요하고 밝은 평온의 공간이었습니다.

그 집은 크지 않았습니다. 살기 편하지도 않았습니다. 양편에 한옥이 주욱 늘어선 골목 끝에 자리한 집이었습니다. 들어가려면 초인종을 울리고 누군가 열어주기를 기다려야 했지요. 무거운 나무 대문을 밀면 삐꺽 소리가 났습니다. 그 대문은 따로 떨어진 대문이 아니라 집의 일부였습니다. 대문 양옆에 문간방과 마당건너 건넌방이 있었습니다.

들어서면 네모진 마당이 있었습니다. 삼면이 방, 한쪽 면은 벽이고 그 벽 앞에는 화단, 어머니가 게발선인장을 제 키만큼이나 키운 화단이 있었습니다. 언젠가 어머니는 그곳에 물을 담은 바가지를 놓고 그 위에 부엌칼을 얹었습니다. 그리고는 장미 가시를 하나 따서

제 눈에 갖다 대고 염증이 낫기를 비셨습니다. 아마도 칼과 가시가 염증을 가져온 귀신을 물러가게 한다고 믿으셨을 것입니다.

대청마루에 앉아 마당에 햇살이 내리쬐는 것을 바라보곤 했습니다. 봄에는 봄 냄새가, 가을에는 가을 냄새가 났습니다. 마루에 누우면 천장을 가로지른 노란 나무 들보들이 보였습니다. 아버지는 아침이면 싸리비로 마당을 쓰셨습니다. 어머니는 가을이면 커다란 천이나 돗자리를 펴고 고추를 널어 말리셨고 가을이 깊으면 문짝을 떼어 디딤돌에 뉘어 놓고 새로 한지를 바르셨습니다.

언젠가는 문간방에 사는 젊은 부부가 악다구니를 지르며 싸우는 소리가 마당으로 서슴없이 뛰어나왔습니다. 우리는 그 소리를 들으며 어쩔 줄 몰랐지요. 다음 날 아내는 머리를 틀어 올린 채로 나와 수돗가에서 설거지를 했습니다. 물에 뜬 기름이 오색으로 빛나면서 배수구로 흘러들어갔습니다.

마당이 집의 중앙에 있기에 가능한 일이었습니다. 방마다 가진 비밀이 마당으로 새어나왔던 겁니다. 아파트로 이사 와서는 좀처럼 그런 모습을 보지 못했습니다. 고추는 베란다에서 말라갔고 아버지는 거실에서 뜸을 뜨셨습니다. 햇살은 창밖에 있었지요. 물론 누군가 문간방에 세 드는 일은 일어나지 않았습니다.

문득 그 시절을 돌아봅니다. 그리고 깨닫습니다. 김영랑에게 돌담의 햇발과 풀밭의 샘물이 있다면 제게는 그 한옥의 햇볕 내리는 마당이 있다는 것을요. 진정한 평온함이란, 모든 소음과 고통이 사라진 완벽한 상태가 아니라, 일상에서 발견하는, 아주 짧지만 눈부신

'고요의 순간'일지도 모릅니다. 우리의 평온은 화려하고 근사한 휴양지가 아니라 고통으로 점철된 어느 한 순간, 일상의 기억 속에 박혀 있을지도 모릅니다.

이제 당신의 차례입니다.

제게는 '한옥 마당'이라는 평온한 장소가 있습니다. 당신에게는 어떤 공간과 기억이 떠오르는지요?

두 번째 시

수선화
_윌리엄 워즈워스

골짜기와 언덕 위를 높이 떠도는 구름처럼
나는 외로이 헤매었네
그리고는 홀연히 보았네
한 무리 황금빛 수선화를
꽃들은 호수 옆 나무들 아래서
산들바람에 흔들리며 춤추고 있었지

은하수 별들이 빛나듯
꽃들은 물가를 따라
끝없는 선을 그리며 펼쳐져 있었네
나는 무수한 꽃들을 보았지

꽃송이들이 바람에 나부끼며 춤추듯
물결도 그들 옆에서 춤을 추었지만
꽃들보다 즐겁지는 못하였네
이토록 즐거운 무리와 함께 있으니
시인이 어찌 아니 기쁠까

나는 바라보고 또 바라보았네. 하지만
그 풍경이 얼마나 소중한 보물이 될지
그때는 거의 생각지 못했네

때로 소파에 누워
쓸쓸하고 멍한 생각에 잠겨 있을 때
그 수선화들이 마음 속에 불현듯 떠오르네
그것은 고독의 축복이니
그러면 내 마음은 기쁨으로 가득 차
수선화와 함께 춤을 추네.

'가슴으로 시읽기' 안내:

[1단계 경험하기 - 시와 나의 첫 만남]

이 단계에서는 시어들이 불러내는 감정 혹은 경험을 온전히 누려 봅니다.

- 첫 울림: 시 전체를 소리 내어 읽거나 마음속으로 느껴봅니다. 어떤 구절, 단어, 혹은 이미지가 가장 먼저 눈길을 끌었는지, 혹은 울림을 주었는지 알아차립니다.

- 경험과 연결하기: 그 구절이 왜 특별하게 느껴졌는지 자신에게 물어봅니다.

- 감정 알아차리기: 구절과 함께 떠오른 감정이나 신체 감각을 알아차립니다.

- 천천히 그 감정을 누리면서 그 감정을 겪도록 한 사건을 돌아봅니다.

- 감정에 이름붙이기: 자신이 느끼는 가장 강력한 감정에 이름표를 붙여줍니다.

- 내려놓기: 감정과 기억을 책 페이지를 넘기듯 내려놓습니다. 혹은 한 호흡을 내쉬면서 내보낸다고 생각합니다.

[2단계: 탐색하기 - 시속의 이정표 따라가기]

- 시를 다시 읽으면서, 이번에는 시인이 전하고자 하는 메시지와 의도를 탐구합니다. 시인이 전하고 싶은 메시지 외에도 더 본질적인 메시지를 찾을 수도 있습니다.

- 시인은 떠도는 구름을 이야기한 다음, 황금빛 수선화라고 표현합니다. 수선화는 노란빛입니다. 그러나 시인은 황금빛이라고 강조합니다. 무엇을 말하려고 황금빛이라고 표현했는지 생각해보세요.
- 그런 다음 시인은 "꽃송이들이 바람에 나부끼며 춤추듯"이라고 말합니다. 앞서의 외로운 느낌이 어떤 느낌으로 변하고 있을까요.
- 이어 시인은 자신이 쓸쓸하게 누워있을 때 이 광경이 떠오른다고 말합니다. 그러면 수선화가 춤추던 그 광경은 어떤 느낌으로 변모되었을까요?
- 시인의 표현을 따라가보면 '외로움'이 '즐거움'으로 변한 것을 알 수 있습니다. 수선화는 외로움을 즐거움으로 변하게 만든 촉진제입니다. 이제 시인은 외로움을 어떻게 느끼고 있을까요? 자신의 창작력을 샘솟게 하는 감정으로 여기고 있는 것이 아닐까요.

[3단계: 통합하기 – 나의 언어로 표현하기]

시골 요양원에 머물렀던 적이 있습니다. 한참을 걸어 나가야 버스를 탈 수 있는 곳이었고 그나마 버스는 두어 시간 기다려야 왔습니다. 해가 바뀌면서 요양원 책임자가 바뀌었습니다. 그는 수선화를 좋아했습니다. 그가 새로 부임해온 이듬해 이른 봄, 요양원 길은 노란 수선화로 가득 찼습니다. 가족에게서 떨어져 혼자 견뎌야 했던 요양원, 겨울은 유독 힘겨웠지요. 환자들은 병이 더 깊어질까 봐 두려워 실내에서 머물렀습니다. 건물마저 움츠러든 것 같았습니다. 그런 때 아무도 없는 길가에 피어난 노란 수선화는 한 점 밝은 빛 같았습니다. 흙길을 따라 주욱 심어진 그 수선화가 얼마나 반가웠던지요.

오랜 세월이 지난 지금 수선화를 만나면 그때 그 꽃을 보고 얼마나 환했는지를, 얼마나 기뻤는지를 떠올립니다. 수선화뿐일까요. 아침 햇살에 빛나던 고사리, 쭈그리고 앉아서 들여다보던 산과 들의 야생화들. 계절마다 많은 것이 변했습니다. 그렇지만 꽃이 핀다는 사실, 겨울이면 눈이 온다는 사실은 변하지 않았습니다. 그것이 제가 발견한 섭리였습니다. 꽃과 사람과 동물은 변하지만, 생명의 본질은 변하지 않는다는 것이었지요.

십오년이 흘렀습니다. 이제는 자연의 모든 존재가 위안이자 새로운 생명의 힘으로 다가옵니다. 워즈워드에게 수선화가 창조력을 샘솟게 하는 일상의 자연물이었다면 제게 수선화는 섭리의 상징이 되었습니다. 여러분에게도 그러한 꽃이 혹은 다른 사물이 있는지 돌아보세요. 의외의 것이 나타날지도 모릅니다.

이제 당신의 차례입니다. 당신만의 언어로 익숙한 것을 낯설게, 평범한 것을 새롭게 바라보는 '초심자의 마음'으로 표현해보세요.

8장

여기에 있는 지금의 나

최근 저 자신에게 실망하는 경험을 했습니다. 약 반년 동안 온라인으로 일요일 밤마다 명상 강의를 들어왔는데, 문득 다른 일을 하는 저를 발견했습니다. 소위 '딴 짓'을 하고 있었던 것이지요. 순전히 자신의 성장과 유익을 원해서 듣는 강의였고 심지어는 '지금 여기서'를 중시하는 마음챙김 강의였는데 말이지요. '왜 이럴까? 그저 이 시간만 때우면 된다고 생각했던 걸까? 나를 위해 듣는 강의인데 왜 집중하지 않고 딴 짓을 하지?' 스스로 질문을 던지다가 문득, 깨달음이 번개처럼 내리쳤습니다.

저는 '내가 여기 있다'는 것을 누군가에게 인정받기 위해 존재한다고 생각하는 건 아닐까 하고 깨달았던 것이지요. 아무도 기록하지 않고 아무도 묻지 않습니다. 더더욱 중요한 것은 그 시간은 바로 제 삶이라는 것입니다. 내 생인데 타인의 시선을 의식하고 인정받기 위해 소비하려 했던 것입니다. 문득 제 삶의 자세 자체를 돌아보았습니다. 어디 이번 한 번뿐이었을까요. 돌아보면 그러한 경험을 무수히 많이 했습니다. 어쩌면 수많은 사람이 그럴 겁니다.

마음은 '지금 여기'에 온전히 머무는 것을 어려워합니다. 지나간 일을 곱씹으며 후회하거나 그리워하는가 하면, 아직 오지 않은 미래를 상상하며 걱정하거나 계획하느라 현재 순간에서 멀리 떨어져 있을 때가 많습니다. 지나간 일은 아무리 후회해도 고칠 수 없습니다. 오지 않은 미래는 아무리 걱정해도 달라지지 않습니다. 그러는 동안 정작 발 딛고 서 있고 진정으로 살아낼 수 있는 유일한 시간인 '지금 여기'는 소리 없이 흘러가 버립니다. 현재를 온전히 살아내지 못할 때, 어쩌면 스스로 존중하지 않고 외부의 평가 속에서만 의미를 찾으려 하는 함정에 빠지게 되는지도 모릅니다.

행복도, 기쁨도, 슬픔도, 깨달음도 모두 '지금 여기'에서 일어납니다. 그리고 이 현재 순간에 온전히 집중하는 것은 외부의 인정에 흔들리지 않고 자기 삶의 주체성을 회복하는 중요한 과정이기도 합니다. 복잡하게 돌아가는 생각과 감정의 소용돌이 속에서도 '지금 여기'에 단단히 뿌리내리는 연습이 필요한 이유가 여기에 있습니다.

시명상은 이 연습을 돕는 효과적인 도구입니다. 시는 주의를 흐트러뜨리는 생각의 고리에서 벗어나, 시어와 이미지가 이끄는 현재의 감각과 내면의 울림에 집중하도록 이끕니다. 시가 펼쳐내는 세계 속에 온전히 머무는 동안 자연스럽게 '지금 여기'에 닻을 내리게 됩니다. 이것은 마치 현재 순간에 깨어 있는 마음챙김의 '현존 (Presence)'과, 익숙한 일상에서도 새로운 의미와 아름다움을 발견하는 '초심자의 마음(Beginner's Mind)' 태도와 깊이 연결됩니다. 시명상을 통해 타인의 시선이 아닌 자신의 감각과 내면으로 시간을 채워나가는 연습을 할 수 있습니다.

이 장에서는 두 편의 시와 함께 '지금 여기'에 온전히 존재하는 연습을 시작해 볼 것입니다. 시의 안내를 따라 현재 순간의 감각을 느끼고, 그 속에서 일어나는 내면의 울림을 알아차리는 과정을 통해 자기 삶의 시간을 온전히 살아내는 깊이를 탐구해봅니다. 시명상을 통해 '지금 여기 이 순간'에 집중하는 삶이 우리에게 어떤 진정한 평온과 충만함을 가져다줄 수 있는지 함께 알아보겠습니다.

이제 두 편의 시를 만나보겠습니다.

첫 번째 시

가을날
_라이너 마리아 릴케

주여, 때가 되었습니다.
여름은 참으로 위대했습니다.
해시계 위에 당신의 그림자를 드리우시고
들판 위엔 바람을 놓아 주소서.

이틀만 더 남국의 햇빛을 주시어
마지막 과일들이 영글도록 명하시고
그들을 완성시켜 주시고,
마지막 단맛이 짙은 포도송이 속에 스미게 하소서.

지금 집이 없는 사람은 이제 집을 짓지 않습니다.
지금 고독한 사람은 오랫동안 외롭게 살아가면서
잠 못 이루어 책을 읽고 긴 편지를 쓸 것입니다.
그리하여 낙엽 뒹구는 가로수 길을
불안스레 이리저리 헤맬 것입니다.

'가슴으로 시읽기' 안내:

이 시를 천천히 읽어보세요. 소리 내어 읽거나 마음속으로 읽습니다. 시의 언어가 당신의 감각과 마음에 어떻게 와 닿는지 느껴봅니다. 가을날의 풍경과 시적 화자의 내면 풍경을 따라가 봅니다.

[1단계: 경험하기 – 시와 나의 첫 만남]

- 첫 울림: 시 전체를 소리 내어 읽거나 마음속으로 느껴봅니다. 어떤 구절, 단어, 혹은 이미지가 가장 먼저 다가왔는지 알아차립니다.
- 경험과 연결하기: 그 구절이 왜 특별하게 느껴졌는지 자신에게 물어봅니다.
- 감정 알아차리기: 구절과 함께 떠오른 감정이나 신체 감각을 알아차립니다.
- 천천히 그 감정을 누리면서 그 감정을 겪도록 한 사건을 돌아봅니다.
- 감정에 이름 붙이기: 자신이 느끼는 가장 강력한 감정에 이름표를 붙입니다.
- 내려놓기: 이제 감정과 기억을 책 페이지 넘기듯 내려놓습니다. 혹은 한 호흡 내쉬면서 내어 보냅니다.

[2단계: 탐색하기 – 시속 이정표 따라가기]

- 이제 시를 다시 읽어보세요. 처음과 다르게 느껴지는 부분이

있나요? 시 전체가 어떤 느낌을 주는지, 시인이 가을날을 통해 무엇을 이야기하려 하는지 탐구합니다.

- 시의 이미지들을 따라가 봅니다. 햇빛, 바람, 영그는 과일, 낙엽 등. 이 이미지들을 마음속으로 가져와 봅니다.

- 첫 구절은 '여름은 위대했습니다'라고 과거를 말하고 있습니다. 이 구절에서 어떤 생각이 떠오르는지를 탐색해봅니다.

- 그런 다음 "해시계 위에 당신의 그림자를 드리우시고/들판 위엔 바람을 놓아 주소서."라고 말하고 있습니다. 어떤 이미지가 떠오르나요?

- 다음 구절에서 화자는 "단맛이 짙은 포도송이 속에 스미도록"이라고 표현합니다. '스미도록'은 아직 스미지 않았다는 의미입니다. 포도송이는 아직 충분히 달지 않다는 의미지요. 그렇다면 지금 포도의 맛은 시고 떫겠지요.

- 이어서 "지금 집이 없는 사람", "지금 고독한 사람"이라고 말해 지금을 반복합니다. 그 사람을 떠올려봅니다.

- 화자는 이들이 "외롭게 살아가면서", "잠 못 이루어", "긴 편지를 쓸 것"이라고 말하고 있습니다. 이들의 지금 상태가 변할 것이라고 보고 있는지 그 반대인지를 생각해봅니다.

- "그리하여 낙엽 뒹구는 가로수 길을"에서는 앞구절보다 시간이 경과한 것인지 아니면 그대로인지를 생각해봅니다.

- 화자는 '지금'을 몇 번이고 되풀이합니다. 그 지금은 어떤 지금인지, 이제와는 어떻게 다른지 혹은 동일한지를 생각해봅니다.

[3단계: 통합하기 - 나의 언어로 표현하기]

그 가을날, 조금 늦었습니다. 미술관으로 가는 돌담길은 젖은 낙엽으로 뒤덮여 있었습니다. 숨을 헐떡이며 미술관에 들어섰을 때 예상대로 오프닝은 끝나 있었습니다. 그림들은 강렬한 빨강이었습니다. 아니 색채부터 이야기하는 것은 옳지 않았습니다. 보자마자 김치구나 하고 알아차렸으니까요.

그 김치는 그저 김치가 아니었습니다. 분명히 김치를 보고 있는데, 아니 김치 그림을 보고 있는데 그 안에 여자의 내장이 보였습니다. 갈라진 한숨과 넋두리가 들렸고 다소곳이 모은 손과 옷차림이 보였습니다.

놀라웠지요. 도대체 어떤 화가가 김치로 여자를 표현할까요.

김치는 발효 음식입니다. 발효라고 말하는 순간 분명히 알아차릴 사람들이 있습니다. 발효란 사용된 재료들, 날것들이 제 모습을 잃는 일입니다. 시간이 흘러야 하고 서로 섞여야 합니다. 김치는 양념들이 온전히 섞여야 제 맛을 냅니다. 날 것들이 숨을 죽이고 날 것들이 서로 섞여들고 자신의 맛을 모두 잃는 과정, 그것이 발효입니다.

김치를 담는 이들은 거게가 여자입니다. 그러므로 그린 이는 분명 여자일 터였습니다. 여자가 아니고서야 버무린 김치를 저렇게 잘 그려낼 수 없을 것 같았습니다. 직접 담가본 경험이 없으면 농익은 내부를 그토록 잘 표현할 수 없습니다. 고춧가루 없는 백김치는 볼수록 너무도 공손해 자신을 온전히 잃어버린 여인을 연상시켰습니다. 극사실주의 그림이었지요.

극사실주의는 때로 극추상으로 치닫습니다. 혀에서 느껴지는 김치가 여인이 되기까지 고단한 과정을 거쳤을 터입니다. 누구나 김치를 담으려면 얼마나 힘든지 압니다. 아무도 알아주지 않는 결정을 혼자 내려야 하고 지금 여기에서 맛에 대한 불안을 견뎌야 합니다. 홀로 서서 공손히 고개 숙여 겉기를 빼야 합니다. 여성들의 고독과 불안이 없이는 김치가 숙성되지 않았던 이유입니다. 지금을 자꾸 되풀이하는 릴케의 '가을날'이 영원한 고독과 불안으로 끝나는 이유이기도 합니다.

이제 당신의 차례입니다. 1단계, 2단계를 거쳐 자신의 삶에 적용한 명상기록을 써보세요. 그림으로 표현해도 좋습니다.

두 번째 시

순수의 전조 (일부 발췌)
_윌리엄 블레이크

한 알의 모래에서 세계를 보고
한 송이 들꽃에서 천국을 보며
그대 손 안의 손바닥 안에 무한을 쥐고
한 시간 안에 영원을 담아라.

'가슴으로 시읽기' 안내:

시 전체를 소리 내어 읽거나 마음속으로 느껴봅니다.

[1단계: 경험하기 - 시와 나의 첫 만남]

- 첫 울림: 시 전체를 소리 내어 읽거나 마음속으로 느껴봅니다.
- 어떤 구절, 단어, 혹은 이미지가 가장 먼저 다가왔는지 알아차립니다.
- 경험과 연결하기: 그 구절이 왜 특별하게 느껴졌는지 자신에게 물어봅니다.
- 감정 알아차리기: 구절과 함께 떠오른 감정이나 신체 감각을 알아차립니다.
- 천천히 그 감정을 누리면서 그 감정을 겪도록 한 사건을 돌아봅니다.
- 감정에 이름 붙이기: 자신이 느끼는 가장 강력한 감정에 이름표를 붙입니다.
- 내려놓기: 이제 감정과 기억을 책 페이지 넘기듯 내려놓습니다. 혹은 한 호흡 내쉬면서 내어 보냅니다.

[2단계: 탐색하기 - 시속의 이정표 따라가기]

- 이제 시를 다시 읽어봅니다. 처음과 다르게 느껴지는 부분이 있는지 알아차립니다.
- 한 알의 모래를 떠올려봅니다. 한 알의 모래가 얼마나 큰지를

생각해봅니다.

- 한 알의 모래에서 세계를 본다면 그것은 어떤 의미일까요?
- 한 송이 들꽃에서 천국을 본다면 그 일 역시 무엇을 의미할까요?
- 모래알과 들꽃으로 우주적 질서와 아름다움과 조화를 보던 화자는 이제 손바닥 안에 무한이 있다고 말합니다. 한 시간 안에 영원이 있다고 말하지요. 손바닥은 무한이 되었고 한 시간은 영원이 되었습니다.
- 누구도 무한한 공간에 있을 수 없고 누구도 영원을 누릴 수 없습니다. 물리적으로 한정되고 시간적으로 한정되어있는데도 불구하고 화자는 무한과 영원을 말합니다.
- 화자가 그렇게 인식한 것은 자신이 그 순간에만 존재한다고 여겼던 때문이 아닌지를 생각해봅니다.

[3단계: 통합하기 - 나의 언어로 표현하기]

블레이크는 화가이자 시인입니다. 이 시, 「순수의 전조」를 읽었을 때 생각나는 이가 있었습니다. '선의 화가', 이XX. 처음 보았을 때 그녀의 그림은 밋밋했습니다. 형태가 없었으니까요. 그림은 초등학생이 무수히 줄 긋기 연습을 한 것처럼 보였습니다. 그러나 과연 어떤 초등학생이 그처럼 동일한 선을 반복해서 그을 수 있었을까요? 색상 또한 단순했습니다. 직선과 단순함. 추웠습니다. 그랬습니다. 그 낯선 그림 앞에서 얼어붙었던 것이지요. 화가가 전기난로를 켰습니다. 화실 안이 따스해지기 시작했고, 제 시선도 풀리기 시작했습니다.

벽에 걸린 그림 하나는 넓이가 약 60cm, 그림 전체가 선이었습니다. 온통 선으로 이루어져 있었는데 그 선들은 하나같이 곧았습니다. 자 없이 선을 긋는데 저렇게 곧은 선이 나올 수 있을까? 어떤 선을 긋든 간에 인간의 손은 떨리기 마련입니다. 그렇다면 떨지 않기 위해 고도로 집중했다는 의미가 됩니다.

화가에게 물었습니다. 선을 하나 긋는 데 시간이 얼마나 걸렸는지를, 그리고 함께 간 이가 물었습니다. 손가락 마디 하나만큼의 공간을 채우는 데 얼마나 걸렸는지를. 그리고는 또 물었습니다. 무엇으로 저 선을 그었는지를.

그녀는 선 하나 긋는데 대강 열 번의 들숨 날숨의 시간이 걸렸다고 답했고 손가락 마디 하나만큼의 공간을 채우는 데 이틀이 걸렸다고 답했습니다. 제 기억이 잘못되지 않았다면 그렇다는 의미입니다, 낯선 이들 앞에서, 낯선 것들 앞에서는 수줍기만 한 내 얼음이 덜 녹은 상태였으니까요.

그리고는 선은 색연필로 그었다고 알려주었습니다. 색연필이라니요. 아이들이 사용하는 색연필이야말로 연약함을 표현하는데 최고일 것입니다. 색연필이라는 대답을 듣는 순간 아득해졌습니다. 저 선을 그을 때 아마도 그녀는 아무런 생각도 하지 않았을 것입니다. 물론 그녀가 바탕을 긁어 선을 그릴 수 있는 틈을 만들었다고 할지라도 선이 저처럼 반듯하려면 고도로 집중하지 않고서는 불가능합니다. 바탕을 긁어내는 작업 역시 그러하고요.

의아해졌습니다. 저건 단지 작품을 만들기 위한 작업이었을까? 그녀의 안에서 비워내야 할 무언가가 컸던 것은 아닐까? 단순 반복 작업은 덜어내야 할 감정과 비워내야 할 마음을 말합니다. 걷기가 생각을 비우듯 선 긋기 역시 지금 여기에 집중해 마음을 비우는 일입니다. 관람객은 작품을 보지만 사실은 화가가 그 안에 쏟아 넣은 삶을 보는 것입니다. 무수한 반복은 블레이크가 그랬듯이 화가가 선을 긋는 그 순간 하나하나에 온전히 존재했음을 보여주는 기록이었던 것입니다. 그러므로 그 단순함 앞에서 숙연해졌던 사람은 저만이 아니었을 겁니다.

이제 당신의 차례입니다. 시명상을 마친 후, 1,2 단계를 통해 알아차리거나 깨닫게 된 점들을 당신의 삶에 적용시켜 적어보세요.

9장
나는 누구인가

정체성하면 '나는 누구인가'라는 물음이 떠오르기 마련입니다. 이 물음으로 인터뷰를 했던 적이 있습니다. 모두가 당혹스러워했습니다. 학생들은 학생이라고 답을 했고 어른들은 주부, 회사원, 직원 등의 답을 했습니다. 주희씨는 더 했습니다. 그녀는 주부이자 학생이자 보조 연구원이었으니까요. 학생, 엄마, 딸, 아내, 보조 연구원, 그 모든 것이 자신이 아닌 사회적 역할임을 깨닫자 그녀는 거의 울 듯한 얼굴이 되었습니다.

이 반응은 지극히 정상입니다. 평상시 우리는 자신을 생각하는 데 익숙하지 않기 때문입니다. 한편으로 사회생활이 나를 그렇게 규정짓습니다. 내가 사회에서 하는 역할이 곧 '나'라고 믿으며 살아갑니다. '나는 누구인가'라는 질문은 이 역할 가면을 벗고, 그 뒤에 있는 불완전하고 혼란스러운 민낯을 마주해야 한다는 것을 의미하기에 당황스럽습니다. 한편으로는 겁이 납니다.

이 질문에는 정답이 없습니다. 정답이 없다는 것은 끝없는 탐색과 불확실성을 감수해야 한다는 의미입니다. 우리는 정답이 있는 문제에 익숙하기 때문에, 답 없는 질문 앞에서 길을 잃을 것 같은 근원적인 불안감을 느낍니다. 주희씨가 느꼈던 "내가 누구인지 알게 되면 실망할 수도 있다"는 두려움이 바로 이것입니다.

일상은 진정한 나 자신을 요구하지 않습니다. 일상은 타인을 대하는 나만을 필요로 합니다. 그렇기에 우리는 겉으로 드러나는 모습만을 돌보는 것이지요. 진짜인 나는 깊이 숨이 있습니다. 아니 숨겨야 합니다.

자아성찰은 용기가 필요한 일입니다. 완벽하지 않은 자신을 마주하는 것, 부끄럽고 아픈 기억들과 대면하는 것이기 때문입니다. 하지만 그 과정에서 무언가를 깨닫게 됩니다. 결국 그런 과정을 통해 진정한 나 자신을 알 수 있고, 나아가 다른 사람을 이해할 수 있게 됩니다.

이 장에서는 시를 통해, '나'의 다양한 얼굴들을 탐색하는 자아 성찰의 여정을 시작합니다. 시는 우리 내면을 비추는 정직한 거울이 되어 줍니다. 잊고 있던 감정, 외면했던 생각, 그리고 무의식 깊은 곳의 진짜 욕망까지 남김없이 드러내게 합니다.

그것은 시인들이 오랫동안 자신의 내면을 들여다보며, 복잡한 감정들을 언어로 형상화해온 덕분입니다. 시를 읽는다는 것은 단순히 글자를 따라가는 것이 아니라, 시인의 마음을 통해 나 자신의 마음을 들여다보는 일입니다. 시속에서 나와 같은 고민을 했던 다른 누군가를 만나기도 하고, 미처 생각지 못했던 새로운 관점을 발견하기도 합니다.

시명상을 통해 미워했던 나를 이해하고, 어리석거나 우유부단했던 나를 끌어안으며, 마침내 그 모든 모습을 받아들이는 소중한 시간을 갖게 될 것입니다. 이는 자기 자신을 용서하고 사랑하는 법을 배우는 과정이기도 합니다. 완벽하지 않아도 괜찮다는 것, 상처받은 채로도 아름다울 수 있다는 것을 깨달아가는 여정입니다.

첫 번째 시

자화상
_윤동주

산모퉁이를 돌아 논가 외딴 우물을 홀로 찾아가선
가만히 들여다봅니다.

우물 속에는 달이 밝고 구름이 흐르고 하늘이 펼치고
파아란 바람이 불고 가을이 있습니다.

그리고 한 사나이가 있습니다.
어쩐지 그 사나이가 미워져 돌아갑니다.
돌아가다 생각하니 그 사나이가 가엾어집니다.
도로 가 들여다보니 사나이는 그대로 있습니다.
다시 그 사나이가 미워져 돌아갑니다.
돌아가다 생각하니 그 사나이가 그리워집니다.

우물 속에는 달이 밝고 구름이 흐르고 하늘이 펼치고
파아란 바람이 불고 가을이 있고
추억처럼 사나이가 있습니다.

'가슴으로 시읽기' 안내:

이 시를 천천히 읽어보세요. 소리 내어 읽거나 마음속으로 읽습니다. 시의 언어와 리듬, 그리고 자아를 탐색하는 분위기를 느껴봅니다.

[1단계 경험하기 - 시와 나의 첫 만남]

이 단계는 시가 나의 과거 경험과 만나 감정을 '만들어내는' 과정을 온전히 경험하는 시간입니다.

- 첫 울림: 시 전체를 소리 내어 읽거나 마음속으로 느껴봅니다. 어떤 구절, 단어, 혹은 이미지가 가장 먼저 다가왔는지 알아차립니다.
- 경험과 연결하기: 그 구절이 왜 특별하게 느껴졌는지 자신에게 물어봅니다.
- 감정 알아차리기: 구절과 함께 떠오른 감정이나 신체 감각을 알아차립니다.
- 천천히 그 감정을 누리면서 그 감정을 겪도록 한 사건을 돌아봅니다.
- 감정에 이름 붙이기: 자신이 느끼는 가장 강력한 감정에 이름표를 붙입니다.
- 내려놓기: 이제 감정과 기억을 책 페이지 넘기듯 내려놓습니다. 혹은 한 호흡 내쉬면서 내어 보냅니다.

[2단계: 탐색하기 – 시속의 이정표 따라가기]

- 다시 시를 읽어보세요. 이번에는 첫 번째 읽기에서 느낀 감정
  생각에서 한 걸음 벗어나 시인이 이 시 전체를 통해 전하려는
  메시지와 다양한 이미지들을 탐구합니다.

- 첫 번째 읽었을 때와 다르게 느껴지는 부분이 있나요? 변화가
  일어났다면, 그것이 어떤 이유 때문일지 자신에게 묻습니다.

- 화자는 "산모퉁이를 돌아 논가 외딴 우물을 홀로 찾아가선 가
  만히 들여다봅니다."로 시작합니다. 화자가 산모퉁이를 돌 때
  는 어떤 느낌이 들었을까요? 화자가 걸어가는 동안 어떤 생각
  을 하고 있었을까요?

- 그가 찾아간 곳은 외딴 우물입니다. 왜 이런 장소를 택했는지
  를 생각해봅니다.

- 우물을 들여다보니 그 속에는 "달이 밝고 구름이 흐르고 하늘
  이 펼치고 파아란 바람이 불고 가을이 있습니다." 달, 구름, 하
  늘, 바람 등 주변의 자연 풍경은 어떤 역할을 하고 있는지 잠시
  생각해봅니다.

- 그런 이후 화자는 "그리고 한 사나이가 있습니다."라고 말합니
  다.

- 그 사나이는 자신입니다. 자신을 들여다보고 난 후, "어쩐지 그
  사나이가 미워져 돌아갑니다. 돌아가다 생각하니 그 사나이가
  가엾어집니다. 도로 가 들여다보니 사나이는 그대로 있습니다.
  다시 그 사나이가 미워져 돌아갑니다. 돌아가다 생각하니 그

사나이가 그리워집니다."라고 표현합니다. 자신에 대해 미움, 연민, 그리움 등을 번갈아 느끼고 있는 것입니다. 왜 이처럼 자신에 대해 다양한 감정을 느끼고 있는지 생각해봅니다.

- 자신이 항상 변함없다면 이런 감정을 느낄 수 있는지 생각해봅니다.
- 마지막으로 화자는 "우물 속에는 달이 밝고 구름이 흐르고 하늘이 펼치고 파아란 바람이 불고 가을이 있고 추억처럼 사나이가 있습니다."라고 정리합니다. 앞에 등장한 구절은 이전과 동일하지만, 이번에 화자는 추억이라는 어휘를 사용합니다.
- 이 추억은 어떤 의미를 가지는지 생각해봅니다.
- 돌아간 이후 화자의 모습은 어떠할까요?

[3단계: 통합하기 - 나의 언어로 표현하기]

'자화상'하면 화가 렘브란트가 떠오릅니다. 자화상을 그린 화가는 많지만 유독 렘브란트가 떠오르는 것은 그가 청년기부터 중년, 그리고 노년기까지, 변해가는 자신의 모습을 화폭에 담았기 때문입니다. 그의 자화상 그림은 20대의 빛나는 모습에서부터 검버섯이 핀 60대까지 백여편에 이릅니다. 그림 속 그의 얼굴을 보고 있노라면 삶이 인간을 어떻게 변화시키는지를 처절하게 깨닫게 됩니다. 4, 50대의 넉넉하고 위엄있는 모습은 자신감을 보여주지만 60대는 다릅니다. 특히 "제욱시스로 분장한 자화상"에서는 파산해 생활고에 시달리고 아내와 아들의 죽음을 겪은 모습을 그려냅니다. 이 모습에서는 20

대의 생기도, 장년의 위엄도 찾아볼 수 없습니다. 구부정한 등은 세월의 무게를 드러냅니다. 그러나 검박한 옷차림과 미소는 오히려 깊어진 영혼을 엿보게 합니다.

렘브란트는 화폭에 자신을 그렸고 그 자신의 변화를 색의 변화로 그리고 빛의 음영으로 그리고 두터운 붓질로 나타내고자 했습니다. 그런 의미에서 본다면 윤동주 시인의 '우물'은 한결 더 깊습니다. 그는 우리 민족에게 익숙한 우물을 통해서 자신을 길어냈기 때문입니다. 예전에 동네마다 있던 우물은 단순한 물가가 아니라, 수많은 전설과 이야기가 샘솟는 곳이었습니다. 그 우물은 나의 배경이고 생각이 이루어지는 근원이기도 했습니다.

민족의 오랜 역사가 그 우물에 있었고 당시의 아픔이 그의 배경에 있었습니다. 그러므로 젊은 화자가 스스로 미워하거나 가엾어하거나 그리워했던 것은 그 무게를 이겨낼 수 없었기에 그러했을 것이고 스스로 부끄러웠기에 그러했을 것이고 한편으로는 우물 속을 흘러간 모두의 모습이 곧 자신의 모습이기에 그리워했을 겁니다.

오늘을 살아가는 우리 역시, 자신의 완벽하지 않은 모습 앞에서 부끄러움을 느끼고, 그런 자신을 가엾게 여기는, 미움과 연민 사이를 끊임없이 오가고 있지 않는지요.

이제 당신의 차례입니다. 당신의 마음에서 일어난 일을 글이나 그림으로 표현해보세요.

두 번째 시

가지 않은 길
_로버트 프로스트

노란 숲속에 두 갈래 길이 있었습니다.
나는 두 길을 다 갈 수 없어 안타까웠습니다.
한참을 서서 한쪽 길을
멀리 굽어볼 수 있는 데까지 굽어보았습니다.
덤불 속으로 꺾여 내려간 곳까지.

그리고는 다른 길을 택했습니다. 그 길 또한
아름다웠고, 어쩌면 더 나은 길이었는지도 모릅니다.
풀이 무성하여 더 많은 사람의 발길을 기다리는 듯했으니까요.
비록 사람들이 지나다닌 흔적은
두 길 모두 거의 같았지만.

그날 아침 두 길은 똑같이 놓여 있었습니다.
낙엽 위로 아무도 발자국을 남기지 않은 채.
아, 나는 첫 번째 길은 다른 날을 위해 남겨두었습니다!
하지만 길은 길로 이어지는 것을 알기에
내가 다시 돌아올 수 있을지는 의심스러웠습니다.

나는 훗날 어디에선가 한숨 쉬며 이야기할 것입니다.
오랜 세월이 흐른 뒤에.
두 갈래 길이 숲 속에 있었고, 나는—
나는 사람들이 덜 지난 길을 택했다고,
그리고 그것이 모든 것을 달라지게 했다고.

'가슴으로 시 읽기' 안내:

이 시를 천천히, 소리 내어 읽거나 마음속으로 다시 한번 읽어보세요. 시의 언어와 이미지가 선택과 책임, 그리고 인생의 갈림길에서 자신을 돌아보는 당신의 감각과 생각을 어떻게 깨우는지 느껴봅니다.

[1단계: 경험하기-시와 나의 첫만남]

- 첫 울림: 시 전체를 소리 내어 읽거나 마음속으로 느껴봅니다. 어떤 구절, 단어, 혹은 이미지가 가장 먼저 다가왔는지 알아차립니다.
- 경험과 연결하기: 그 구절이 왜 특별하게 느껴졌는지 자신에게 물어봅니다.
- 감정 알아차리기: 구절과 함께 떠오른 감정이나 신체 감각을 알아차립니다.
- 천천히 그 감정을 누리면서 그 감정을 겪도록 한 사건을 돌아봅니다.
- 감정에 이름 붙이기: 자신이 느끼는 가장 강력한 감정에 이름표를 붙입니다.
- 내려놓기: 이제 감정과 기억을 책 페이지 넘기듯 내려놓습니다. 혹은 한 호흡 내쉬면서 내어 보냅니다.

- 이제 시를 다시 읽어보세요. 이번에는 첫 번째 읽기에서 느낀 감정 생각에서 한 걸음 벗어나 시인이 이 시 전체를 통해 전하려는 메시지와 다양한 이미지들을 탐구합니다. 이때, 변화가 일어났다면, 그것이 어떤 이유 때문일지 자신에게 묻습니다.

- 화자는 "노란 숲 속에 두 갈래 길이 있었습니다."로 시작합니다. 이어 두 길을 다 갈 수 없어 안타까웠다고 갈등을 토로합니다.

- 그런 다음 "한참을 서서 한쪽 길을 멀리 굽어볼 수 있는 데까지 굽어 보았습니다."고 말하면서 다른 길에 대한 감정을 토로합니다. 볼 수 있는 데까지 보았다는 것은 화자의 심정에 대한 추측을 하도록 합니다. 어떤 마음이었을까요.

- 두 번째 연에 이르면 화자는 다른 길을 택했다고 말해 결정을 내렸음을 보여줍니다. 그러나 "그 길 또한 아름다웠고, 어쩌면 더 나은 길이었는지도 모릅니다."라고 말을 합니다. 화자가 자기 선택에 온전히 만족했다면 이런 말을 할 수 있을까요.

- 또한 "풀이 무성하여 더 많은 사람의 발길을 기다리는 듯했으니까요. 비록 사람들이 지나다닌 흔적은 두 길 모두 거의 같았지만."라고 해 자신이 택한 길의 특징을 묘사합니다. 그렇다면 온전히 만족감을 표하고 있는 것일지 생각해봅니다.

- 이어 "아, 나는 첫 번째 길은 다른 날을 위해 남겨두었습니다! 하지만 길은 길로 이어지는 것을 알기에 내가 다시 돌아올 수

있을지는 의심스러웠습니다."라고 말합니다. 시간이 지나면 다시 돌아올 수 없음을 이미 알고 있는 것입니다.

- 이어지는 구절은 훗날 어디에선가 한숨 쉬며 이야기할 것이라는 말입니다. 한숨은 어떤 한숨일까요? 안타까움일까요 아니면 그저 지금 이 순간을 돌아보기 위한 포석일까요?

- 한숨 쉬며 이야기한다는 말이 후회임을 의미한다면, 미래에 후회할 것이라면 왜 화자는 돌아가지 않을까요?

- 마지막 구절은 "오랜 세월이 흐른 뒤에. 두 갈래 길이 숲 속에 있었고, 나는— 나는 사람들이 덜 지난 길을 택했다고, 그리고 그것이 모든 것을 달라지게 했다고."입니다. 이 구절은 현재 어떤 상황일 것이라고 생각하시나요? 선택에 따라 미래 삶이 달라질 것이라고 보는 자기 서사일까요. 이 구절이 자기 서사라면 어떤 생각이 떠오르시나요?

- 이제 이 시에 대한 생각을 정리해봅니다. 이 시가 후회로 읽혀지는지요. 아니면 선택에 따라 달라지는 결과를 말하면서 나름대로의 의미를 부여하는 것으로 읽혀지는지요.

[3단계: 통합하기-나의 언어로 표현하기]

길을 가다가 싸리비를 보았습니다. 두 자루는 누워있고 한 자루는 소나무에 기대어 있었습니다. 싸리를 묶어 만든 싸리비는 여러 번 사용한 듯 빗자루 살이 낡아 있었습니다. 저 비로 바닥을 쓸면 시원하게 잘 쓸립니다. 종잇조각이며 나뭇잎, 자디잔 돌멩이가 쓸려나가는 느낌은 플라스틱 빗자루에 비길 것이 아닙니다. 빗자루 살은 흙 마당에 흔적을 만듭니다. 비가 지나갈 때마다 물결 모양이 만들어져 파도가 일렁이는 것입니다.

싸리비를 보고 있노라니 소리가 들렸습니다. 싸륵싸륵 싸륵. 마당을 쓰는 소리. 장지문 너머로 들리던 그 소리, 이불 속에서 그 소리를 듣곤 했습니다. 한지를 바른 장지문에 햇살이 비치기 시작하는 시간이었습니다. 머리를 문 쪽으로 두고 누웠으니 더 잘 들렸던 듯 싶습니다.

한옥에 살던 시절의 일이었습니다. 한옥의 특성상 가운데가 마당이었습니다. 제 방은 마당 건너, 가장 안쪽이었습니다. 마당 한 편에 돌로 둘러싼 작은 화단이 있었는데 내 방은 바로 그 화단 옆이었습니다. 마당은 그 화단 앞에서 끝났습니다. 그러니 아버지의 쓰레질은 화단 앞, 수돗가에서 멈추었을 것입니다. 마당은 시멘트였지만 매번 쓰레질한 흔적이 남았습니다. 손길이 갔다는 흔적이 뚜렷했던 것입니다. 눈이라도 내린 날은 더더욱 자국이 진했습니다.

아버지는 늘 정갈한 분이셨습니다. 주위를 말끔히 치우셨고 무시래기라도 엮을라치면 마치 예술작품처럼 단아함이 물씬 풍겼습니다. 아침 먹느라 식구들이 둥근 양은 밥상에 둘러앉을라치면 금방 감은 머리 모양을 잡으려 모자를 쓰고 앉곤 하셨습니다.

아버지는 제가 요양원에 있을 때 돌아가셨습니다. 암 수술을 받고 이리저리 요양원을 떠돌면서 지내는 동안 아버지 상태가 급격히 악화되었던 것입니다. 오랜만에 아버지를 뵈었을 때 충격이 지금도 생생합니다. 마침 새로 번역한 책이 나왔던 터라 자랑삼아 들고 갔다가 저를 잘 알아보지도 못하는 모습을 보고 가슴이 무너져내렸습니다.

그분은 내 아버지가 아니었습니다. 그분은 고통에 시달리는 가엾은 노인, 한 명의 인간이었습니다. 아버지가 변해가는 동안 나는 그분의 옆에 없었습니다. 삶의 마지막이 그처럼 힘들어야 하는지, 평생 살아오면서 만들어낸 '나'라는 정체성을 잃고 누구나와 다를 것 없이 변해가는 그 모습이 인간에게 주어진 마지막인지, 그것이 무로 돌아가는 인간의 모습인지를 두고 많이 힘들었습니다.

아버지를 떠올리면 여전히 가슴 아파집니다. 그러나 저 쓰레질 소리는 어린 날, 그리고 젊은 날, 든든한 보호벽이었던 그분을 떠올리게 해줍니다. 그분은 여러 사람을 키워낸 한 아버지셨습니다. 안온함을 누리게 해주고 자상함과 다정함을 보여준 가장, 삶의 근간을 만들어주신 분이었습니다. 지금도 살아갈 힘이 솟도록 근본을 든든히 채워주신 분. 아마도 그것이 내가 아이들에게 물려줄 자원일 것입니다. 누구나 그런 순간을 필요로 합니다. 삶의 한 귀퉁이에서 마음을 내려놓을 수 있는. 비질 소리를 듣는 순간을, 그리하여 내가 누구인지 확실해지는 순간을. 그런 순간들은 나를 나답게 해주는 순간이기 때문입니다.

이제 당신의 차례입니다. 자신에 대한 알아차림을 당신만의 어휘로 표현하거나 그림으로 그려보세요.

10장

자연 안에 있는 나, 내 안에 있는 자연

코엑스 전시장에 갔던 적이 있습니다. 수많은 그림과 조각들 가운데 제가 보려는 것은 힐링 관련 작품이었습니다. 힐링 부스에서는 새 제품 전시가 한창이었습니다. 작가가 저를 안마의자에 앉게 하더니 헬멧을 씌웠습니다. 그리고 가상으로 죽녹원의 모습을 보여주면서 음악을 들려주었지요. 그동안에 안마의자가 작동하면서 어깨, 허리, 다리 등을 마사지해주었습니다.

햇살 가득한 죽녹원의 모습은 사실 잘 보이지 않았습니다. 초점이 안 맞았던가 봅니다. 하지만 부분부분 보이는 그 풍경을 보면서 그가 말하는 힐링이 무엇인지 금세 이해했습니다. 그것은 자연이었지요. 아마 제가 다른 어떤 풍경을 택했더라도 작가는 제 선택이 탁월하다고 말해주었을 겁니다. 다른 선택도 역시 자연, 산 그리고 바다녔으니까요. 어쩌면 바다가 더 나았을지도 모르겠습니다. 산도 대나무 숲보다 더 좋았을 수도 있지요. 중요한 것은 그가 힐링을 위해 선택한 풍경이 모두 자연이라는 사실입니다.

왜 힐링의 근원으로 자연을 택할까요? 사실 우리는 늘 자연에 둘러싸여 살아가고 있습니다. 단 지금 내가 있는 도시에서는 건물과 도로, 그리고 수많은 차가 시선을 압도합니다. 그렇기에 자연에서 멀어져 있다고 느끼는 것입니다.

인간의 기술이 밀집된 최신 기계를 통해 자연을 만난다는 것은 아이러니하지만 이것이 실상입니다. 이는 현대 사회에서 자연을 인식하고 경험하는 방식입니다. 즉, 물리적으로 자연과 멀어져 있으면서, 내면의 깊은 곳에서는 자연과의 연결을 갈망하고 있음을 의미합니다.

12장에서는 시를 통해 자연과 인간의 관계를 탐구합니다. 시에 담긴 자연의 이미지와 언어 속에서 자연이 삶에 어떤 영향을 미치는지, 그리고 자연과의 연결이 어떤 평온과 깨달음을 선사하는지를 느껴볼 것입니다.

첫 번째 시

봄은 간다
_김억 <태서문예신보>(1918)

밤이도다.
봄이다.

밤만도 애달픈데
봄만도 생각인데

날은 빠르다.
봄은 간다.

깊은 생각은 아득이는데
저 바람에 새가 슬피 운다.

검은 내 떠돈다.
종소리 빗긴다.

말도 없는 밤의 설움
소리 없는 봄의 가슴

꽃은 떨어진다.
님은 탄식한다.

'가슴으로 시읽기' 안내:

이 시를 천천히, 소리 내어 읽거나 마음속으로 읽어보세요. 호흡법과 읽는 법을 기억하고 읽는다면 더욱 좋습니다.

[1단계: 경험하기-시와 나의 첫 만남]

- 첫 울림: 시 전체를 소리 내어 읽거나 마음속으로 느껴봅니다. 어떤 구절, 단어, 혹은 이미지가 가장 먼저 다가왔는지 알아차립니다.
- 경험과 연결하기: 그 구절이 왜 특별하게 느껴졌는지 자신에게 물어봅니다.
- 감정 알아차리기: 구절과 함께 떠오른 감정이나 신체 감각을 알아차립니다.
- 천천히 그 감정을 누리면서 그 감정을 겪도록 한 사건을 돌아봅니다.
- 감정에 이름 붙이기: 자신이 느끼는 가장 강력한 감정에 이름표를 붙입니다.
- 내려놓기: 이제 감정과 기억을 책 페이지 넘기듯 내려놓습니다. 혹은 한 호흡 내쉬면서 내어 보냅니다.

[2단계: 탐색하기- 시속 이정표 따라가기]

- 이제 시를 다시 읽어보세요. 천천히 읽으면서 나의 감정과 경험에서 벗어나 시인이 이 시 전체를 통해 전하려는 메시지가

무엇인지 탐구합니다. 구절과 구절이 연결되어 만들어내는 다양한 이미지들을 그려봅니다.

- 첫 번째 읽었을 때와 다르게 느껴지는 부분이 있나요? 같은 감정이 떠오르는지, 아니면 다른 감정 혹은 생각으로 변화했는지 알아차립니다. 변화가 일어났다면, 그것이 어떤 이유 때문일지 자신에게 묻습니다.
- 우선 제목을 생각해봅니다. '봄은 간다'입니다. 봄이 간다면 어떤 느낌 혹은 생각이 드는가요?
- 이어지는 구절은 "밤이도다. 봄이다. 밤만도 애달픈데 봄만도 생각인데"입니다. 이 구절에서, 특히 밤과 애달픔, 봄과 생각이 어우러져 어떤 느낌이 드는가요.
- "날은 빠르다. 봄은 간다."에서는 두 구절이 어우러져 시간을 나타냅니다.
- 이어 화자는 "생각은 아득한데, 바람이 불어 새가 슬피 운다"고 표현합니다.
- 그런 다음 검은 내, 즉 검은 안개가 떠돌고, 종소리가 들린다고 하면서, "말도 없는 밤의 설움, 소리 없는 봄의 가슴"이라고 표현합니다. 이 설움은 어떤 설움일까요?
- 마지막으로 "꽃은 떨어진다. 님은 탄식한다." 구절은 떨어지는 꽃과 탄식을 연결하고 있습니다. 님이 탄식한다면 그것은 꽃이 떨어져 탄식하는 것일 테지요. 그 탄식을 확장 시켜 보면 생명이 지고 사라지는 자연이겠지요. 우리 인간 또한 자연의 일부

입니다. 그렇다면 화자가 말하는 것은 무엇일지 정리해봅니다.

[3단계: 통합하기 - 나의 언어로 표현하기]

"할머니, 장×× 할머니. 그 꽃 저 주세요. 저 갖고 싶어요."

간호사가 큰 소리로 외쳤습니다. 이들은 하나같이 목소리가 컸습니다. 그럴 수밖에 없었을 겁니다. 의식이 없거나, 있어도 잠들어 있거나, 혹은 가물가물한 환자들을 대상으로 해야 하니까요. 귀가 멀어 가는 환자들, 육체의 기능이 쇠퇴해가는 환자들.

엄마는 꽃을 쥔 손을 가슴 앞으로 끌어당겼습니다. 단호한 몸짓이었습니다. "어머, 어머, 저것 좀 봐, 안 주시겠다네." 침대를 둘러싸고 선 저와 막냇동생, 간병인, 간호사, 우리들은 그 몸짓을 보고 놀랐습니다. 그건 의식이 뚜렷하다는 뜻이었고 의사를 표현한다는 의미였습니다. 간호사가 다시 한번 외쳤습니다. "할머니, 저도 꽃 갖고 싶어요. 저 주세요."

엄마는 어쩔 수 없다는 듯 꽃을 내밀었습니다. 간호사는 잠시 당황하더니 엄마에게 돌려주었습니다. "할머니, 갖고 계세요." 엄마는 손을 가슴으로 끌어당겼습니다. 그리고는 꽃을 꼭 쥐고 다시는 내밀지 않았습니다.

침대에 누운 엄마를 모시고 나와 꺾어 안겨드린 꽃이었습니다. 물론 간호사에게 허락을 구했습니다. 얼마 전 고비를 넘겼던 엄마는 열이 떨어지고 부기도 가라앉았지만, 여전히 호흡기와 콧줄과 수액과 바이탈 사인을 재는 기계를 주렁주렁 달고 있었으므로 조심스러웠습니다. 여기서 나빠지면 얼마나 더 나빠지랴. 돌아가시기 전에 한 번이라도 더 바깥바람을 쐬고 나무와 풀의 녹색을 보고, 그리고 파란 하늘과 흰 구름을 보는 것이 엄마에게 더 의의가 있지 않으랴. 떠나기 전 당신이 팔십오 년간 머물렀던 이 세상이 얼마나 아름다운지 다시 한번 느끼고 가시는 것이 더 좋지 않으랴. 그런 생각으로 저와 동생은 엄마를 뒤편 산과 병동을 잇는 다리로 모시고 나왔고, 햇빛이 직접 엄마 얼굴에 내리쬐지 않도록, 그러나 하늘을 볼 수 있도록 침대를 놓았습니다. 엄마 얼굴 옆으로 머리를 가져다 댔습니다. 그 상태에서 하늘이 보였습니다. 희디흰 구름이 보였습니다. 뒷산 나무들이 만든 녹색이 보였습니다.

날씨가 좋았습니다. 바람이 살그머니 불었고 희디흰 구름이 피었다 지곤 했습니다. 나무들에 녹색이 짙어지고 있었습니다. 저는 두 시간 내내 잠든 듯 보이는 엄마 옆에 앉아 사랑과 존경과 감사를 속삭이고 난 참이었습니다. 간호사는 엄마 상태가 좋아졌다고 말해주었지만, 저는 이틀 전보다 의식이 뚜렷하지 않다는 사실을 알고 있었습니다. 엄마는 가끔 눈을 떠 입가를 찡그려 웃으려고 했지만, 다른 반응은 흐릿했습니다.

동생 부부가 오자 함께 엄마를 모시고 나왔습니다. 동생이 엄마 옆에 앉아 있는 동안 저는 풀이 무성한 비탈을 살폈습니다. 울타리 너머로 보랏빛 제비꽃이 보였습니다. 울타리를 넘기는 마땅치 않았습니다. 병실에 있는 노인들이 저 꽃을 볼까? 다른 부분을 살폈습니다. 요즘 한창인 민들레, 그리고 달개비들. 제비꽃은 쉽게 눈에 띄지만 달개비는 가까이 가야 눈에 띕니다. 민들레는 흔합니다. 계단을 몇 개 내려가 민들레를 꺾었습니다. 민들레의 저항은 의외로 거세었습니다. "미안해, 민들레야, 우리 엄마 보여드릴 거야." 그리고 달개비들.

달개비는 아버지를 생각나게 하는 꽃이었습니다. 휘경동 한옥에 살 때 아버지는 처음 당뇨 진단을 받으셨고 달개비를 모아 말리셨습니다. 정갈하게 묶어 서쪽 벽에 못을 치고 매달아 놓으셨는데, 그 달개비 두름은 매번 아버지와 더불어 떠올랐습니다.

그래서였을 것입니다. 제가 내민 달개비를 엄마가 반겨하며 받은 것은. 간호사가 달라고 해도 주지 않았던 것은 아버지를 떠올렸기 때문이었을 겁니다. 돌아 나올 때, 엄마는 시들어버린 달개비를 여전히 꼭 껴안고 계셨습니다.

이제 당신의 차례입니다. 위의 개인적인 기록처럼 일상을 돌아보고 자유롭게 기록하거나 그림으로 표현해보세요.

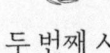

두 번째 시

참나무

_알프레드 테니슨

젊거나 늙거나
저기 저 참나무같이
네 삶을 살아라.
봄에는 싱싱한
황금빛으로 빛나며
여름에는 무성하고
그리고, 그러고 나서
가을이 오면 다시
더욱 더 맑은
황금빛이 되고
마침내 나뭇잎
모두 떨어지면
보라, 줄기와 가지로
나목되어 선
저 발가벗은 '힘'을.

'가슴으로 시읽기' 안내:

이 시를 천천히, 소리 내어 읽거나 눈으로 읽어보세요. 참나무의 일 년을 통해 계절의 변화와 그 속에서 변해가는 나무의 모습, 그리고 이를 통해 느껴지는 삶의 의미를 탐구해 봅니다.

[1단계: 경험하기- 시와 나의 첫 만남]
- 첫 울림: 시 전체를 소리 내어 읽거나 마음속으로 느껴봅니다. 어떤 구절, 단어, 혹은 이미지가 가장 먼저 다가왔는지 알아차립니다.
- 경험과 연결하기: 그 구절이 왜 특별하게 느껴졌는지 자신에게 물어봅니다.
- 감정 알아차리기: 구절과 함께 떠오른 감정이나 신체 감각을 알아차립니다.
- 천천히 그 감정을 누리면서 그 감정을 겪도록 한 사건을 돌아봅니다.
- 감정에 이름 붙이기: 자신이 느끼는 가장 강력한 감정에 이름표를 붙입니다.
- 내려놓기: 이제 감정과 기억을 책 페이지 넘기듯 내려놓습니다. 혹은 한 호흡 내쉬면서 내어 보냅니다.

[2단계: 탐색하기- 시속 이정표 따라가기]
- 시를 다시 읽어보세요. 이번에는 첫 번째 읽기에서 느낀 감정

생각에서 한 걸음 벗어나 시인이 이 시 전체를 통해 전하려는 메시지와 다양한 이미지들을 탐구합니다.

- 첫 번째 읽었을 때와 다르게 느껴지는 부분이 있나요? 이때, 변화가 일어났다면, 그것이 어떤 이유 때문일지 자신에게 묻습니다.

- 화자는 젊거나 늙거나 참나무처럼 네 삶을 살라고 말하고 있습니다. 잠시 왜 참나무인지를 생각하며 머물러 봅니다.

- 다음 구절은 연이어 있습니다. 봄, 여름, 가을, 겨울이 순차적으로 묘사되어 있지요. 짧게 그러나 힘차게 이어져 있어 봄에는 밝게, 여름과 가을에는 살아있는 황금빛으로, 라고 말합니다. 색깔의 변화를 따라가봅니다.

- 화자가 말하는 참나무가 어린 나무일까요 혹은 나이 먹은 나무일까요? 그 나뭇잎 빛깔들을 황금빛으로 묘사하는 것은 어떤 이유에서일까요.

- 다음 구절에서 화자는 나목을 이야기합니다. 나뭇잎 이야기를 하다가 갑자기 나목을 묘사한 것은 계절의 변화를 말하려 함이 아닐까요.

- 줄기와 가지만 남은 나목의 이미지를 불러옵니다. 지금까지 우리는 아주 큰 나무를 떠올렸지만, 그것은 계절 내내 왕성하게 생명력을 뽐내던 나뭇잎 덕분이었을 겁니다. 이제 나뭇잎을 모두 잃은 나목은 어떤 느낌을 줄지 상상해봅니다.

- 이제 화자는 힘을 말합니다. 이 힘은 발가벗은 나무의 힘입니다. 결국 화자가 말하는 것은 무엇일까요.

한때 노거수를 찾아다녔습니다. 몇백 년 동안 살아온 그 노거수들은 마을 중앙, 혹은 동네 어귀에 버티고 있었습니다. 경북 의성군 구천면의 노거수 모과나무 안에서 말채나무가 자라고 있었고, 또 다른 측면에서는 찔레나무가 자라고 있었습니다. 그러니까 모과나무가 다른 두 나무를 품어 안고 자라고 있는 것이었습니다. 그러나 제 기억에 가장 생생한 노거수는 종로 명륜당에 있는 600살이 넘었을 은행나무입니다. 해마다 은행잎이 노랗게 물들면 장관입니다. 마치 하늘 전체가 환해지는 듯한 느낌이 들지요.

그처럼 장엄하던 은행나무도 날이 차가워지면 잎사귀를 떨어뜨립니다. 겨울내내 나무는 진한 갈색으로 침묵합니다. 그 겨울나무들을 나목이라고 부릅니다. 겨울나무들이야 말로 그 나무가 지닌 본래의 힘을 가장 잘 보여주는 표지가 아닐까요. 모든 잎사귀를 잃었지만, 힘차게 살아 있으니까요.

이 벌거벗은 힘을 맨발걷기를 통해 경험하고 있습니다. 암을 앓을 때 수목원에 가면 때로 맨발로 걸었습니다. 본격적으로 시작한 것은 이곳에 이사 와서입니다. 근처에 나지막한 산이 있어 맨발 걷기에 좋습니다. 맨발 걷기는 산의 정기와 온전히 만나는 일입니다. 나는 산에게 발을 내어주고 산은 내게 정기를 내어줍니다. 겨우 신발을 벗었을 뿐인데 산으로부터 엄청난 것을 얻습니다.

겨울철에도 맨발로 걷습니다. 겨울철 맨발걷기는 생각보다 어렵지 않습니다. 지나는 이들은 제 맨발을 보고 동상에 걸린다고들 걱정하지만 사실 바닥은 많이 차갑지 않습니다. 얼어붙은 바닥은 물론 차갑습니다. 발바닥이 칼로 베어내듯 아프기도 합니다. 그러나 보통은 차갑지 않고 나뭇잎이 깔린 길은 오히려 따스할 기운을 느낄 정도입니다.

신발과 양말을 벗는 일은 쉽습니다. 그렇게 할 마음을 먹는 것이 어렵습니다. 경계를 넘는다는 것, 그 일은 얼마나 어려운지요. 우리 주변에는 맨발걷기처럼 쉽고도 어려운 일이 산적해 있습니다. 경계선을 넘기만 하면 새로운 세상이 펼쳐지는데 그 경계를 넘을 엄두를 못 내는 것이지요. 그 두려움을 만든 것은 타인의 시선이 아니라 나의 시선입니다.

테니슨의 참나무가, 명륜당의 은행나무가 화려한 나뭇잎을 모두 벗어 던지고 '나목'이 되어서야 비로소 그 '발가벗은 힘'을 드러내듯, 저 역시 신발과 양말이라는 마지막 경계를 벗어 던지고 맨발이 되었을 때 비로소 땅의 정기와 온전히 만날 수 있었습니다. 어쩌면 진정한 힘은 무언가를 더하는 것이 아니라, 눈길을 끄는 것들, 쓸모를 다한 것들을 덜어내고 가장 본질적인 모습으로 세상과 마주할 때 생겨나는 것인지도 모릅니다.

그것이 참나무처럼 나의 시간을 온전히 살아내는 방법이 아닐까요.

이제 당신의 차례입니다. 자유롭게 자신의 언어로 기록하거나 그림으로 표현해봅니다.

11장

인연의 그물로 이루어진 삶

강원씨가 감사 메시지를 보내왔습니다. 처음 발표할 때 교재와 전혀 동떨어진 내용을 다루었던 그는 이제 구구절절 감사의 마음을 적고 있었습니다. 그의 진심이 느껴져서 찡했습니다. 함께 하려면 기본부터 알려주어야 했는데 쉽지 않은 일이었습니다. 어찌 되었건 우리는 한 학기 동안 함께 가야 했습니다. 그러니 상대가 기본을 모른다는 사실을 안다는 것은 큰 배움이었습니다.

현영씨는 항상 생글거리는 매력적인 여성이었습니다. 그녀는 늘 친절했습니다. 만나는 이마다 도와주려고 애썼고, 정보를 넘칠 듯 제공함으로써 기회를 주려고 애썼습니다. 한편으로는 친구들을 지인의 사무실로 초대해, 그 사무실이 얼마나 멋진지를 자랑스러워하면서 보여주었습니다. 그런가 하면 학우들에게 고급 와인 모임을 알려주었고 명품을 보여주면서 그 가치를 알려주려 애썼습니다.

주희씨는 착한 여성이었습니다. 남편의 벌이가 적어 힘들어했지만, 최소한의 물건만 가지고도 곧잘 살림을 꾸려나갔습니다. 그런 형편임에도 받은 것들을 나누려고 했습니다. 그러나 한편으로는 늘 윗사람에게 그리고 주변 사람들에게 이용당하고 있다고 투덜거렸습니다. 없는 살림에 두 아이를 결혼시키기 힘들었던 모양입니다. 결혼식 전에 와달라고 몇 번이고 전화를 해왔습니다. 결혼식에는 아주 많은 사람이 참석했습니다. 큰 고비를 넘었다고 안도의 한숨을 쉬던 주희씨는 이제 곧 남편이 은퇴하는데 어찌 살 것인가를 한탄하느라 제 말은 아예 듣지도 않았습니다.

사는 방식은 사람마다 다릅니다. 그러나 만나는 동안 우리는 서로에게 영향을 줍니다. 우리는 서로에게 빛을 퍼뜨리는 촛불들과 같아, 각자가 지닌 신념과 배려 혹은 그 반대가 서로에게 영향을 주겠지요. 누군가는 함께 살아가려 노력하고 누군가는 철저하게 자신의 입장을 변호하고 정당화하느라 애를 씁니다. 그러나 나와 다른 타인이 싫다고 해서 함부로 배척할 수는 없습니다. 인간은 혼자 살아갈 수 없기 때문입니다. 어쩌면 그런 이들과의 만남은 나 자신을 들여다보라는 신호가 아닐까요

11장에서는 인연의 그물로 이루어진 삶, 관계와 인연을 주제로 시 두 편을 만나봅니다.

첫 번째 시

진달래꽃

_김소월

나 보기가 역겨워
가실 때에는
말없이 고이 보내 드리우리다

영변에 약산
진달래꽃
아름 따다 가실 길에 뿌리우리다

가시는 걸음 걸음
놓인 그 꽃을
사뿐히 즈려 밟고 가시옵소서

나 보기가 역겨워
가실 때에는
죽어도 아니 눈물 흘리우리다

'가슴으로 시읽기' 안내:

이 시를 천천히 읽어보세요. 소리 내어 읽거나 마음속으로 읽습니다. 시의 언어와 리듬, 그리고 이별 상황의 감각과 분위기를 느껴봅니다.

[1단계: 경험하기-시와 나의 첫만남]

- 첫 울림: 시 전체를 소리 내어 읽거나 마음속으로 느껴봅니다. 어떤 구절, 단어, 혹은 이미지가 가장 먼저 다가왔는지 알아차립니다.
- 경험과 연결하기: 그 구절이 왜 특별하게 느껴졌는지 자신에게 물어봅니다.
- 감정 알아차리기: 구절과 함께 떠오른 감정이나 신체 감각을 알아차립니다.
- 천천히 그 감정을 누리면서 그 감정을 겪도록 한 사건을 돌아봅니다.
- 감정에 이름 붙이기: 자신이 느끼는 가장 강력한 감정에 이름표를 붙입니다.
- 내려놓기: 이제 감정과 기억을 책 페이지 넘기듯 내려놓습니다. 혹은 한 호흡 내쉬면서 내어 보냅니다.

[2단계: 탐색하기-시속 이정표 따라가기]

- 이제 시를 다시 읽어보세요. 이번에는 첫 번째 읽기에서 느낀

감정 생각에서 한 걸음 벗어나 시인이 이 시 전체를 통해 전하려는 메시지와 다양한 이미지들을 탐구합니다.

- 첫 번째 읽었을 때와 다르게 느껴지는 부분이 있나요? 같은 감정이 떠오르는지, 아니면 다른 감정으로 변했는지 알아차립니다. 변화가 일어났다면, 무엇 때문인지 자신에게 묻습니다.

- "나 보기가 역겨워 가실 때에는 말없이 고이 보내 드리우리다"는 이별을 말하는 구절입니다. 화자는 그 이별을 어떻게 받아들이고 있는가요?

- "영변에 약산 진달래꽃 아름 따다 가실 길에 뿌리우리다"에서는 어떤 감정이 느껴지나요. 님이 떠나가는데 그 길에 꽃을 뿌린다는 것은 어떤 마음일까요.

- 뿐만 아니라 화자는 "가시는 걸음 걸음 놓인 그 꽃을 사뿐히 즈려 밟고 가시옵소서"라고 읊습니다. 이 마음은 어떤 마음인가요.

- 마지막 구절인 "나 보기가 역겨워 가실 때에는 죽어도 아니 눈물 흘리우리다"에서 화자의 마음은 어떤 것인지 알아차려 봅니다.

- 이제 화자의 이야기가 완성되었습니다. 이 화자는 어떤 태도로 이 이야기를 하고 있을까요. 말 그대로 죽어도 눈물을 흘리지 않는다는 것일까요? 당신 자신만의 생각을 이야기해봅니다.

[3단계: 통합하기-나의 언어로 표현하기]

「진달래꽃」은 전 국민이 알고 있는 아주 익숙한 시입니다. 진달래는 아주 익숙한 꽃입니다. 산 어디에나 틀림없이 진달래가 있습니다. 학창 시절 이 시를 교과서에서 배웠습니다. 시는 간단하고 리듬이 확연해 외우기도 좋았습니다.

이 시를 처음 만났을 때는, '깊은 사랑'이라고 배웠습니다. 시적 화자는 연인과의 이별을 서러워하지만, 아픔을 하소연하기보다는 받아들이고 내려놓음으로써 오히려 더 아픔을 깊게 느끼도록 만듭니다. 말없이 고이 보내드린다고 하는 한편 꽃을 즈려 밟으라고 함으로써 오히려 축복하는 듯한 뉘앙스마저 풍기지요. 그렇기에 한국인의 정서를 잘 드러낸 작품으로 꼽히고 그토록 칭송받고 있습니다.

이 「진달래꽃」을 다시 읽을 때 아니 이 시가 제 어머니와 연결되는 사건이 생기고 나자 막연하던 아픔이 손에 잡힐 듯 선명해졌습니다. 어쩔 수 없는 이별, 그리고 내려놓음이 제 마음속 깊숙이 내려앉아 있던 슬픔을 폭발시켰던 것입니다.

어머니는 마지막 순간들을 요양원에서 보내셨습니다. 거동도 어렵고 인지 능력이 많이 퇴화되었던지라 건물 안에만 머물러 있어야 하는 어머니는 몹시 답답해하셨습니다. 아직 춥던 날, 요양원 주변에서 진달래꽃과 복사꽃을 몇 송이 꺾어다 드렸지요. 머리에도 꽃 아드리고 거울을 보여드렸습니다. 아주 좋아하셨지요. 그 꽃들을 빈 두유병에 담아 놓고 돌아왔습니다.

후에 간병인이 꽃을 발견하고 저 꽃 누가 주었느냐고 물었다고 합니다. 많은 것을 잊어버린 상태였지만 어머니는 제 이름을 대셨다고 합니다. 울컥했지요. 누구나 그러하지만, 어머니와의 관계에는 몇 마디 말로 표현할 수 없는 수많은 감정이 쌓여 있습니다. 아픔, 사랑, 그리고 그리움이 회오리치고 있는 것입니다. 가끔 부모님이 늙어 힘없어지는 것은 자식에게 주었던 사랑을 돌려받으라는 신의 의도가 아닌가 생각할 때가 있습니다. 그러나 자식은 바쁘다는 이유로 자신의 이득을 먼저 찾지요. 저 또한 그러했습니다.

시적 화자는 떠나가는 임의 발밑에 약산 진달래꽃을 뿌립니다. 시에서의 진달래가 이별의 길을 덮는 슬프고도 아름다운 헌신이라면, 제가 어머니에게 드린 진달래는 삶의 마지막 길목에 선 어머니께 드리는 소소한 사랑이자, 제가 느끼는 안타까움과 무력감이었을 겁니다.

이 구절을 들여다보고 있노라니, 그때의 기억과 함께 애틋함이 밀려왔습니다. 야산에 들어가 진달래와 복사꽃을 꺾을 때 제 마음속에는, 어머니의 늙음과 병에 대한 슬픔이 함께 있었을 것입니다. 그때 떠오른 감정은 '애틋함', '무력감', '간절함'이었습니다.

어머니는 몇 년 후 돌아가셨습니다. 죽음은 누구도 막을 수 없습니다. 보낼 수밖에 없는 일이지요. 화자가 "가시는 걸음 걸음 / 놓인 그 꽃을 / 사뿐히 즈려 밟고 가시옵소서"라고 할 때는 자신의 아픔보다 님이 잘 되기를 바라는 마음을 드러내고 있습니다. 내려놓는 마음이 확연히 드러나 있지요. 이 마음은 움직이지 못하던 어머니의 마지막을 지켜보며 그 고통의 길을 부디 가볍게 건너시기를 바랐던

제 마음이기도 합니다. 이 세상에서 어머니와 함께 하고자 하는 마음을 내려놓은 것이지요.

「진달래꽃」은 이별과 놓아줌이 단순히 관계의 끝이 아니라 그 안에 깊은 사랑, 희생, 그리고 아픔을 대하는 우리의 태도가 담겨 있음을 깨닫도록 해주었습니다. 제가 드렸던 진달래꽃 몇 송이가 이미 파킨슨병이 많이 진행되어 말조차 제대로 하지 못했던 어머니에게 환한 기쁨을 드렸듯, 관계 속에서 주고받는 작은 마음과 표현들이 이별 후에도 아름다운 기억으로 남아 삶에 힘을 주고 있는 것입니다.

이제 당신의 차례입니다. 글로 적거나 그림으로 표현해 보세요.

두 번째 시

그대 늙었을 때
_윌리엄 버틀러 예이츠

그대 나이 들어 머리가 희어지고 졸음이 가득할 때,
난롯가에서 고개를 끄덕이며 이 책을 펼쳐 들고,
천천히 읽으며 한때 그대의 눈에 깃들었던 부드러운 눈빛과,
그 깊은 그림자를 생각해보시오.

수많은 사람이 그대의 빛나는 우아함을 사랑했고,
진실이든 거짓이든 그대의 아름다움을 사랑했지만,
오직 한 사람만이 당신의 방랑하는 영혼을 사랑했고,
변화하는 그대 얼굴에 드리운 슬픔까지도 사랑했음을 생각해보시오.

그리고 붉게 달아오른 쇠살대 옆으로 몸을 숙여,
조금 슬픈 목소리로 중얼거리시오,
사랑이 어떻게 달아나 저 높은 산 위를 거닐고
별무리 속에 얼굴을 숨겼는지를.

'가슴으로 시읽기' 안내:

이 시를 천천히, 소리 내어 읽거나 마음속으로 다시 한번 읽어보세요. 시의 언어와 이미지가 시간의 흐름, 그리고 관계의 깊이에 대한 당신의 감각과 생각을 어떻게 깨우는지 느껴봅니다.

[1단계: 경험하기-시와 나의 첫만남]

- 첫 울림: 시 전체를 소리 내어 읽거나 마음속으로 느껴봅니다. 어떤 구절, 단어, 혹은 이미지가 가장 먼저 다가왔는지 알아차립니다.
- 경험과 연결하기: 그 구절이 왜 특별하게 느껴졌는지 자신에게 물어봅니다.
- 감정 알아차리기: 구절과 함께 떠오른 감정이나 신체 감각을 알아차립니다.
- 천천히 그 감정을 누리면서 그 감정을 겪도록 한 사건을 돌아봅니다.
- 감정에 이름 붙이기: 자신이 느끼는 가장 강력한 감정에 이름표를 붙입니다.
- 내려놓기: 이제 감정과 기억을 책 페이지 넘기듯 내려놓습니다. 혹은 한 호흡 내쉬면서 내어 보냅니다.

[2단계: 탐색하기-시속 이정표 따라가기]

- 이제 시를 다시 읽어보세요. 이번에는 첫 번째 읽기에서 느낀

감정과 생각에서 한 걸음 벗어나 시인이 이 시 전체를 통해 전하려는 메시지와 다양한 이미지들을 탐구합니다.

- "그대 늙어 백발이 되고 졸음이 많아져 벽난로가에서 고개를 끄덕끄덕할 때"의 이미지를 떠올려 보세요.
- "이 책을 꺼내어, 천천히 읽으며 한때 그대 눈에 지녔던 부드러운 모습과 그 깊은 그림자를 생각해 보시오" 구절이 무엇을 말하는지를 알아차려 봅니다.
- 한 사람만이 변해가는 얼굴마저 사랑했음을 생각하라고 말하는 것은 그 한사람의 사랑이 진실했다고 하는 것일테지요.
- 이제 화자는 그대에게 사랑이 사라졌다고 슬프게 중얼거리라고 합니다. 슬프게 중얼거리라는 것은 늙어서인가요? 혹은 사랑이 사라져서인가요?
- 이제 화자의 이야기가 완성되었습니다. 화자는 전체적으로 어떤 말을 하고 있는지 알아차려보세요.
- 첫 번째 읽었을 때와 다르게 느껴지는 부분이 있나요? 변화가 일어났다면, 그것이 어떤 이유 때문일지 자신에게 묻습니다.

[3단계: 통합하기–나의 언어로 표현하기]

늙은 자신에 대한 상상은 좀처럼 되지 않습니다. 사회가 늙은이를 대하는 시선이 강퍅한 것도 그 한 이유일 것입니다. 늙음에 대한 소설도 많지 않습니다. 시 또한 이미 늙은 사람에 대한 연민 혹은 사랑에 대한 것이 대부분입니다. 자신이 늙었을 때, 혹은 늙은이로서 자신을 회고하는 시 혹은 소설이 왜 많지 않을까요?

우리는 너무도 당연히 찾아오는 그 늙음을 피하고 싶어하는 것이 아닌지요. 도처에 열정과 지혜를 갖춘 시니어가 되라는 교육이 넘쳐 납니다. '지갑은 열고 입은 닫아라' 등의 실질적인 조언도 널렸습니 다. 분명 그런 조언은 도움이 됩니다. 그러나 늙은 배우자의 모습을 지켜보는 마음은 어떠할런지요.

노벨문학상을 수상한 캐나다 여성 작가 앨리스 먼로(Alice Munro) 는 단편 「곰이 산 이쪽으로 건너왔다」에서 치매에 걸린 아내를 지켜 보는 남편을 묘사합니다. 아내인 피오나가 치매 증상이 심해져 요양 원에 들어갑니다. 피오나는 그곳에서 다른 남성 환자를 사랑하게 됩 니다. 그 모습을 지켜보는 남편 그랜트의 마음은 복잡합니다.

그는 젊을 때 여학생들과 바람을 피웠던 적이 있지요. 장인 덕분 에 대학에 자리 잡았고요. 아내가 치매에 걸린 것을 알기에 그는 어 떤 항의도 하지 못합니다. 그저 말없이 지켜보는 수밖에요. 종내에 는 아내를 위해서 퇴원한 그 남자를 다시 요양원으로 데려오려고 온갖 수를 쓰기까지 하지요.

예이츠의 이 시는 젊은 시절 쓴 것으로, 자신의 사랑을 거절한 모 드 곤(Maud Gonne)에게 바친 시입니다. 미래의 늙은 모드 곤을 상상 하며 시를 썼던 것이지요. 현재의 강렬한 인연이 미래에도 지속되기 를 바라는 마음, 즉 인연이 시간을 초월하는 힘을 가지고 있음을 보 여줍니다.

이 시는 남편 그랜트를 묘사하는 듯 싶습니다. 평생을 함께 살고 그리고 이제 자신마저 기억하지 못하는 아내를 지켜보는 남편의 마음. 아름다운 머리칼은 짧아졌고 평상시의 세심한 옷차림과는 달리 요양원에서 아무렇게나 입혀준 옷을 입고 있는 아내, 그래도 남편의 마음은 오직 아내에게로만 향합니다.

저희 아버지도 그러셨지요. 결혼 오십 주년 기념식을 할 때 아버지는 혼례복을 입은 어머니를 보고 "예쁘네"라고 감탄하셨습니다. 어머니의 얼굴은 빨개졌지요. 나이 든 남편이 나이 든 아내에게 해줄 수 있는 최고의 칭찬이 아니었을까요. 그랜트가 피오나를 사랑한 것은 함께 평생을 살아온, 그 영혼의 아름다움을 보아서일 겁니다.

변해가는 얼굴을 사랑하고 순례자의 영혼을 사랑하는 일이야말로 늙음에 대한 보상이 아닐런지요.

함께 늙어 가다보면 상대를 있는 그대로 받아들이게 됩니다. 힘든 일을 겪고 난 세월의 주름을 사랑하게 됩니다. 병의 질곡을 겪어온 그 허약해진 몸을 아끼게 됩니다. 누가 뭐라 해도 상관없이 있는 그대로의 몸과 마음을 사랑하게 됩니다. 고통의 흔적이 역력한 그 흰머리를 안타까이 여기게 됩니다. 때로 후회와 번민으로 흔들리는 눈동자를 사랑하게 되고 간혹은 목청을 돋우다가도 입을 다물게 됩니다. 뒷모습을 보면 그저 안타깝고 쓸쓸해지니까요. 그것이 늙음의 모습, 속성이 아닌지요.

소설 속 그랜트가 피오나에게 가졌던 감정이 애틋함과 수용이듯, 제 아버지가 제 어머니에게 느꼈던 것도 애틋함 그리고 수용이었습니다. 늙어가는 제가 늙어가는 남편에게 느끼는 그 마음 또한 애틋함과 수용일 겁니다.

우리의 삶은 수많은 인연의 그물로 엮여 있습니다. 젊고 아름다운 시절의 화려한 겉모습만이 아니라, 세월의 흔적이 새겨진 얼굴과 몸, 그리고 그 안에 담긴 방랑하는 영혼과 슬픔까지 품어 안는 것. 이것이 바로 인연의 그물이 우리에게 가르쳐 주는 삶의 모습이 아닐까요. 그 그물 속에서 우리는 서로를 있는 그대로 받아들이고, 함께 늙어가며 삶의 모든 순간을 엮어가는 존재들입니다.

이제 당신의 차례입니다. 1, 2단계를 거쳐 시명상을 마친 후, 자유롭게 적거나 그림으로 표현해 보세요.

12장

사랑과 연결

메리 셸리(Mary Percy Shelley)는 오늘날 첫 SF소설로 여겨지는, 『프랑켄슈타인』의 저자입니다. 사실 이 소설의 원제는 '프랑켄슈타인 혹은 현대의 프로메테우스'입니다. 프랑켄슈타인은 인조인간, 괴물을 만들어낸 천재의 이름으로, 그리스 신화에서 등장하는 신의 이름입니다. 신화 속 프로메테우스가 선각자였던 것처럼 소설 주인공인 젊은 천재 역시 선각자였습니다. 이 소설은 이백여년 전에 나왔지만, 오늘날에도 여전히 많은 이로부터 사랑받고 있을 정도로 유명합니다. 소설의 저자인 메리 셸리의 이야기 역시 유명합니다.

그녀는 저 유명한 낭만주의 시인인 퍼시 셸리(Percy Shelley)의 아내였습니다. 이들의 격정적인 사랑은 오늘날의 시각으로 보아도 놀라울 정도입니다. 메리는 당시 영국의 언론인, 정치철학자인 윌리엄 고드윈의 딸이었습니다. 아버지를 찾아오는 젊은이들이 많았고 그 중에 한 명이 퍼시 셸리였습니다. 겨우 열 다섯 살인 메리 셸리는 퍼시에게 반합니다. 놀라운 것은 이미 퍼시 셸리가 기혼이었다는 사실입니다. 이들은 세상의 비난을 아랑곳하지 않고 프랑스로 떠납니다. 사랑의 도피를 한 것이지요. 당시의 엄격한 사회분위기를 고려해볼 때 이들의 용기는 놀랍습니다. 특히 젊은 여성인 메리 셸리의 의지는 누구도 따라갈 수 없는 것이었습니다.

그녀는 왜 퍼시 셸리에게 반했던 것일까요? 당대가 여성을 지적 존재로 보지 않았던 것을 생각해보면 메리가 배움에 목말라 있었을 것이라고 추측할 수 있습니다. 퍼시는 아마도 이 지적 갈등을 채워주는 존재가 아니었을까요? 훗날 메리가 퍼시에게 자신을 애인이 아닌 친구로 대해달라는 요구를 했던 것을 보면 사회적 통념이 그녀에게 얼마나 큰 억압으로 작용하고 있었는지 알 수 있습니다.

훗날 메리 셸리는 프랑켄슈타인을 써냈고 엄청난 호응을 받았습니다. 그러나 처음에는 자신의 이름이 아닌 남성의 이름을 써야 했고, 이듬해 프랑스어로 쓴 재판에서야 자신의 이름을 사용할 수 있었습니다. 메리 셸리에게 사랑은 여성에 대한 사회의 억압을 뛰어넘는 도구였습니다. 그 사랑이 없었더라면 그녀의 재능은 빛날 기회가 없었을지도 모릅니다. 외롭고 무서웠겠지만 사랑은 그녀가 세상에 기여하도록 만들었던 것입니다. 저 소설, 『프랑켄슈타인 혹은 현대의 프로메테우스』와 『최후의 인간』 등 그녀가 쓴 소설은 오늘날에도 여전히 큰 영향을 주고 있습니다.

사랑은 용기입니다. 사랑은 나의 참모습을 발견하게 해주고 세상과 관계를 맺게 하는 감정이자 갈망이자 의지인 것입니다. 우리는 사랑을 통해 한층 더 성숙해지고 삶의 진정한 의미를 깨닫는 경우가 많습니다. 사랑의 경험은 우리를 확장시키고, 견고했던 내면의 벽을 허물며, 세상과 더 깊이 교감할 수 있는 통로를 열어줍니다.

　이 장에서는 시와 함께 '사랑과 연결'의 다양한 측면을 명상적으로 탐구하고자 합니다. 시 속에 담긴 사랑의 언어와 이미지를 통해 사랑이 어떻게 내면의 깊은 곳을 비추고, 타인과의 관계를 형성하며, 나아가 세상을 이해하는 확장된 시야를 선사하는지를 섬세하게 느껴볼 것입니다. 이 여정은 단순한 감정의 이해를 넘어, 존재의 본질적인 연결성을 깨닫는 깊은 통찰로 이어질 것입니다.

첫 번째 시

그의 반
_정지용

내 무엇이라 이름하리 그를?
나의 영혼 안의 고운 불,
공손한 이마에 비추는 달,
나의 눈보다 값신 이,
바다에서 솟아올라 나래 떠는 금성(金星),
쪽빛 하늘에 흰 꽃을 달은 고산 식물,
나의 가지에 머물지 않고
나의 나라에서도 멀다.
홀로 어여삐 스스로 한가로워 – 항상 머언 이,
나는 사랑을 모르노라 오로지 수그릴 뿐.
때 없이 가슴에 두 손이 여미어지며
굽이굽이 돌아 나간 시름의 황혼 길 위 –
나– 바다 이편에 남긴
그의 반임을 고이 지니고 걷노라.

'가슴으로 시읽기' 안내:

[1단계: 경험하기-시와 나의 첫 만남]

- 첫 울림: 시 전체를 소리 내어 읽거나 마음속으로 느껴봅니다. 어떤 구절, 단어, 혹은 이미지가 가장 먼저 다가왔는지 알아차립니다.
- 경험과 연결하기: 그 구절이 왜 특별하게 느껴졌는지 자신에게 물어봅니다.
- 감정 알아차리기: 구절과 함께 떠오른 감정이나 신체 감각을 알아차립니다.
- 천천히 그 감정을 누리면서 그 감정을 겪도록 한 사건을 돌아봅니다.
- 감정에 이름 붙이기: 자신이 느끼는 가장 강력한 감정에 이름표를 붙입니다.
- 내려놓기: 이제 감정과 기억을 책 페이지 넘기듯 내려놓습니다. 혹은 한 호흡 내쉬면서 내어 보냅니다.

[2단계: 탐색하기-시 속 이정표 따라가기]

- 시를 다시 읽어봅니다. 소리 내어 읽거나 눈으로 읽습니다. 시구를 글로 써도 좋습니다. 소리내어 읽는 일은 생각에 브레이크를 거는 일입니다. 생각은 대단히 빨라 하루에도 오만 번 변한다는 말이 있을 정도입니다. 그러나 읽는다면 한결 느려지

게 됩니다. 한편으로 글로 쓴다면 더욱 느려집니다. 그동안 나의 뇌는 부지런히 작동해 시 속 의미를 더욱 잘 파악할 수 있게 됩니다.

- 이는 내 감정과 생각에서 한 걸음 벗어나 시인이 이 시 전체를 통해 전하려는 메시지와 의도를 탐구하려는 작업입니다.

- 시 속 이정표를 따라가 봅니다. 시인은 이 시에 '그의 반'이라는 제목을 붙였습니다. '그의 반'은 무슨 의미인지 고개가 갸웃거려지지 않으시는지요

- 화자는 그를 무엇이라 이름할까 하고 묻습니다. 그가 누구인지 궁금해집니다.

- 한 줄 내려가면 그를 "나의 영혼안의 고운 불"이라고 부릅니다. 그리고는 달, 눈보다 값진 이, 금성 등으로 부릅니다. 그런 다음, 홀로 어여쁘다고 말합니다. 이 표현은 항상 멀다와연결이 됩니다.

- "항상 머언 이"라는 표현은 내가 그를 안다는 것이 아닐 겁니다. 그만큼 베일에 싸여 있다는 것으로 보입니다. 베일에 싸여 있다는 것은 단순히 그의 외모를 말한 것이 아닐 테지요. 알면 알수록 더 알고 싶어지는 마음이 아닐런지요.

- 그 알 수 없음에 화자는 고개를 수그립니다. 이윽고 가슴에 두 손을 모읍니다.

- 그리고는 굽이굽이 돌아 황혼길에 닿습니다. 이 황혼은 어떤 황혼일까요.

- 이윽고 화자는 그의 반이 나라고 매듭짓습니다. 나는 바다 이
  쪽에 남아 있는 존재입니다.
- 나와 그는 서로의 반쪽이지만 그는 이미 바다 저쪽에 있습니다.
- 화자는 어디에 와 있는 것일까요. 아니 그는 어디에 가 있는 것
  일까요.

[3단계: 통합하기-나의 언어로 표현하기]

정지용의 시 「그의 반」을 처음 읽었을 때, "나는 사랑을 모르노라
오로지 수그릴 뿐"이라는 구절에서 멈추었습니다. 왜 시인은 사랑을
'모른다'고 고백하면서도, '수그린다'는 경건한 태도를 보였을까요?
시인의 경건한 태도는 단순히 그의 연인에 대한 찬가였을까요? 문
득 생각이 나서 '사랑'이라는 단어의 뿌리를 찾아보았습니다.

사랑은 '사량(思量)', '깊이 생각하다'는 의미에서 나온 말입니다.
사량은 단순한 감정적 끌림이 아니라 상대에 대한 깊은 사유와 성
찰을 의미했습니다. 즉, 사랑은 원래 즉흥적 감정이 아니라, 상대를
깊이 헤아리고 이해하려는 정신적 행위였던 것입니다. 이는 일정한
정신적 거리와 사유의 시간을 전제로 합니다.

그 거리는 단순한 물리적 분리가 아닙니다. 서로를 온전한 존재
로 인정하는 정신적 경계입니다. '사량'으로서의 사랑은 상대에 대
한 깊은 사유를 통해 자신도 함께 성장하는 과정입니다. 상대를 생
각하고 또 생각하는 과정에서 자신의 내면도 깊어지고 풍부해지는
한편, 사랑하는 과정 자체가 자신을 발견하고 성장시키는 시간입니

다. 이 글을 써나가면서 떠오른 것이 '순례'였습니다. 순례란 가고자 정한 곳으로 가는 일이 목적이 아닙니다. 순례란 묵묵히 걸어가면서 사유하고 또 사유하는 일입니다. 여정에 어떤 일이 일어나건 간에 그 일을 수용하고 대처하고 받아들이며 계속합니다.

페이스북 지인 중에 오토바이로 세계를 여행하는 이가 있습니다. 그는 길이 잘 닦인 유럽이나 미국 같은 선진국보다 오지 여행을 '즐깁니다.' 처음에 뉴질랜드에서 시작했던 그는 이제 아프리카를 지나 인도, 아시아 오지를 가고 있습니다. 사막이며 험한 산지에서 워낙 고생을 많이 하기에 즐긴다는 표현은 적절치 않은 것 같지만 그는 '즐긴다'고 표현합니다. 그 과정에서 그는 사람의 삶을 봅니다. 사람에 대한 사랑 없이는 도저히 불가능한 여정인 것이지요.

길이 워낙 험하기에 오토바이는 고장이 나고 그때마다 누군가 도움을 줍니다. 그 고장 기술자가 도움을 주기도 하고 페이스북의 오토바이 친구들, 주로 같은 경험을 했던 외국인들이 도움을 줍니다. 그 여정을 보면 거의 기적에 가깝습니다. 매번 페북에 근황을 올리는 그의 이야기는 그야말로 고난의 여정이지만 그의 모습은 정말로 순례자입니다. 사람에 대한 사랑이 없었더라면 그 여행이 가능할까요.

그의 이 순례는 에리히 프롬(Erich Fromm)이 『사랑의 기술』에서 논한 그 사랑과 닮았습니다. 프롬은 사랑을 갈고 닦아야 하는 기술로 보았습니다. 평생 갈고 닦아야 비로소 온전해진다는 프롬의 사랑은 오늘날 현대인의 사랑과 거리가 멉니다. 기다림과 사유, 그리고 적응을 통한 성장이 바로 프롬의 사랑이지요. 우리가 생각하는 사랑은 일순간의 감정이지요. 일순간에 반해서 그 감정으로 평생을 살아간다면, 그 순간만의 황홀함만을 기억한다면 그것은 사랑으로 자신의 삶을 통째로 바꾸고자 하는 거래와 같습니다. 올더스 헉슬리(Aldous Huxley)가 『멋진 신세계』에서 그려냈던 바로 본능적이고 감각적이며 거래하는, 바로 그 사랑의 모습인 거지요.

이제야 시인이 왜 사랑을 '모른다'고 했는지 알 것 같습니다. 즉시 소유하고 확인하는 것에 익숙한 현대인에게, 깊이 사유하고 기다리며 상대를 온전히 존중하는 '사랑'으로서의 사랑은 여전히 어렵고 낯선 길이기 때문입니다. "그의 반임을 고이 지니고 걷노라"는 마지막 구절이 지금 제게 더 큰 울림으로 다가오는 이유는, 어쩌면 제 안에도 여전히 그런 사랑을 그리워하는 마음이 남아 있기 때문일 것입니다. 사랑은 자아를 완성하고 세상과 통합되는 영적인 여정이라는 것을요.

이제 당신의 차례입니다. 글로 자유롭게 적거나 그림으로 표현해 보세요.

두 번째 시

미라보 다리 아래
_기욤 아폴리네르(송재영 번역)

미라보 다리 아래 세느 강은 흐르고
우리의 사랑마저 흘러 내린다.

내마음 속깊이 기억해야 하랴
기쁨은 언제나 슬픔 뒤에 오는 것을

해는 저물어 종이 울린다
세월은 흐르고 나는 남는다.

손에 손을 맞잡고 얼굴을 마주 보자
우리들 팔을 낀 다리 밑으로
영원한 눈길을 한 물결은 지쳐 흐르네

해는 저물어 종이 울린다
세월은 가고 나는 남는다.

세월은 간다 저 흐르는 물처럼
사랑은 간다 인생은 이리도 더디고
희망은 이리도 벅찬데

해는 저물어 종이 울린다
세월은 흐르고 나는 남는다.

날이 가고 달도 흐르고 지나간 세월도,
사랑도 돌아 오지 않는데
미라보 다리 아래 세느강은 흐른다.

해는 저물어 종이 울린다
새월은 가고 나는 남는다.

'가슴으로 시읽기' 안내:

[1단계: 경험하기 - 시와 나의 첫 만남]

- 첫 울림: 시 전체를 소리 내어 읽거나 마음속으로 느껴봅니다. 어떤 구절, 단어, 혹은 이미지가 가장 먼저 다가왔는지 알아차립니다.
- 경험과 연결하기: 그 구절이 왜 특별하게 느껴졌는지 자신에게 물어봅니다.
- 감정 알아차리기: 구절과 함께 떠오른 감정이나 신체 감각을 알아차립니다.
- 천천히 그 감정을 누리면서 그 감정을 겪도록 한 사건을 돌아봅니다.
- 감정에 이름 붙이기: 자신이 느끼는 가장 강력한 감정에 이름표를 붙입니다.
- 내려놓기: 이제 감정과 기억을 책 페이지 넘기듯 내려놓습니다. 혹은 한 호흡 내쉬면서 내어 보냅니다.

[2단계: 탐색하기 - 시속의 이정표 따라가기]

시 전체가 우리에게 전하려는 메시지는 무엇인지, '시 속의 이정표'를 따라 함께 걸어가 봅니다.

- 화자는 "미라보 다리 아래 세느 강은 흐르고 / 우리의 사랑마저 흘러 내린다"로 시작합니다. 강은 흐르는 것이 당연합니다.

그런데 화자는 사랑마저 흘러내린다고 표현합니다. 이 표현은 사랑을 보는 시각을 말해줍니다. 흘러내린다는 것은 사랑의 어떤 모습인지를 생각해봅니다.

- 이어 화자는 "기쁨은 언제나 슬픔 뒤에 오는 것을" 기억해야 한다고 말합니다. 그렇다면 화자는 현재 자신의 상태가 슬픔 이라는 것을 알고 있는 것입니다. 그가 기대하는 것은 기쁨입 니다. 이 표현은 소망인가요 혹은 위로인가요? 혹은 현재 상태 의 인정인가요?

- "해는 저물어 종이 울린다 / 세월은 흐르고 나는 남는다"라는 후렴구가 반복됩니다. 모든 것이 변하고 흘러가지만, 그 모든 것을 지켜보는 '나'는 그 자리에 남아 있습니다.

- '흘러가는 것들'과 '남아있는 나'의 대비는 우리에게 무엇을 말 해주고 있을까요?

- 화자는 "인생은 이리도 더디고 / 희망은 이리도 벅찬데"라고 탄식합니다. 모든 것이 빠르게 흘러가는 것 같으면서도, 왜 인 생은 '더디다'고, 희망은 '벅차다'고 했을까요? 이 역설적인 표 현의 의미를 탐색해 봅니다.

- 마지막 연에서 화자는 "사랑도 돌아오지 않는데 / 미라보 다리 아래 세느강은 흐른다"고 말합니다. 사라진 사랑과 변함없이 흐르는 강물을 함께 보며, 시인이 궁극적으로 발견한 삶의 진 실은 무엇일까요?

- '나는 남는다'는 표현의 진정한 의미는 무엇일지 생각해 봅니다.

[3단계: 통합하기-나의 언어로 표현하기]

1995년 파리에 갔을 때 미라보 다리를 보고 실망했습니다. 다리 위에서 보는 풍경은 평범했고, 강물의 빛깔은 탁했습니다. 강은 동네 개천처럼 조그마해서 큰 배는 떠다닐 수도 없지요. 시에서와는 달리 어떤 장엄함도, 무한히 뻗어나가는 거대함도 느낄 수 없는 것입니다. 그런 곳에서 어떻게 이런 아름다운 시가 나왔을까요.

아폴리네르가 이 시를 썼을 때는 절망에 빠져 있을 때였습니다. 1907년, 27세의 시인은 24세의 화가 마리 로랑생(Maire Laurencin)을 만납니다. 피카소가 이 두 사람을 이어주었지요. 두 사람은 곧 사랑에 빠졌습니다. 화가와 시인, 부드러운 색채로 표현하던 서정적 화가와 새로운 시 형식을 실험하던 시인, 시대를 앞서가는 두 사람이 만났던 것이지요.

그들은 서로에게서 깊은 영감을 얻었습니다. 각기 영역이 달랐기에 더 큰 영향을 주었을지도 모릅니다. 아폴리네르는 로랑생을 모델로 많은 시를 썼고, 로랑생은 '예술가들의 그룹'이라는 그림에서 아폴리네르와 자신, 그리고 피카소를 함께 그려냈습니다. 그들은 함께 미라보 다리를 거닐었습니다. 함께 걷던 그때 미라보 다리는 실제보다 훨씬 아름다웠을 겁니다.

그러나 뜻밖의 사건이 연인들을 갈라놓았습니다. 1911년 8월, 루브르 박물관에서 모나리자가 도난당했고, 경찰은 아폴리네르를 용의자로 지목했습니다. 그의 벨기에 친구 제리 피에레가 과거 루브르에서 고대 조각품을 훔친 전력이 있었고, 아폴리네르가 그 조각품들을 사두었던 사실이 드러났기 때문입니다. 아폴리네르는 일주일간 구치소에 수감되었습니다. 비록 문단의 탄원으로 기소유예 처분을 받고 석방되었지만, 모나리자 도난 사건은 아폴리네르에게서 많은 것을 앗아갔습니다. 사랑했던 연인과 이별했고, 예술적 동지이자 친구였던 피카소와도 결별했습니다.

마리 로랑생은 연인이 범죄 용의자로 수감되었다는 사실에 큰 충격을 받았습니다. 그것도 모나리자라는 세기의 걸작을 훔친 용의자로 지목되었으니 크게 실망한 마리는 이별을 고했습니다. 예술가에게 이러한 죄목은 의심만으로도 견딜 수 없었겠지요. 5년동안의 사랑이 아무리 뜨거웠다 해도 그러한 실망을 이겨낼 수는 없습니다. 마리가 돌아선 것은 어쩌면 당연한 일이었을 겁니다. 이별 통보를 받은 시인에게 미라보 다리는 더 이상 아름답지 않았습니다. 미라보란 '아름다운 풍경'이라는 의미입니다. 그가 사랑 할 때는 원래의 이름인 '아름다운 풍경'에 무한히 공감했겠지만 절망에 빠진 그에게 이제 다리는 절망의 암울함으로 바뀌어버렸을 겁니다.

시를 쓰던 그날도 집으로 가던 그가 혼자 서서 바라본 세느강은 이제 더 이상 사랑의 강이 아니었습니다. 절망을 반영하는 탁한 잿빛 물줄기일 뿐이었습니다. 그러나 그는 그저 절망에 빠져 있지 않았습니다. 그는 강물을 보면서 시간을 보았고 다리를 보면서 기억을 보았습니다. 다리를 사랑의 상징으로 만들었던 것입니다.

아폴리네르의 개인적인 실연은 100년이 넘는 시간을 거쳐 전 세계 사람들의 마음을 움직이는 시로 남았습니다. 평범했던 미라보 다리는 사랑과 이별, 시간과 영원을 상징하는 성스러운 공간으로 탈바꿈했습니다. 미라보 다리의 진정한 아름다움은 사랑 그 자체에 있는 것이 아니라 시가 부여한 의미에 있습니다. 아폴리네르의 시가 없었다면 이 다리는 파리의 수많은 다리 중 하나에 불과했을 것입니다. 시인의 언어가 평범한 공간에 영혼을 불어넣고, 개인적 경험을 인류 보편의 감정으로 확장시켰기 때문에 이곳이 특별해진 것입니다.

시는 현실을 아름답게 만듭니다. 인간은 보이는 것으로만 살아가지 않습니다. 인간은 철저히 현실주의자이지만 그 현실을 지탱하게 만드는 것은 보이지 않는 것입니다. 사랑, 신념, 믿음, 의지, 그것이 인간을 살아가게 만듭니다. 백년 전이나 다름없이 미라보 다리 아래 세느강은 여전히 흐르고 있습니다. 우리가 보는 것은 현실이 아닙니다. 우리가 보는 것은 사랑이 만들어낸 아픔과 그로 인한 성숙입니다. 그렇기에 미라보 다리는 여전히 아름답습니다.

이제 당신의 차례입니다. 당신만의 언어로 표현하거나 그림으로 표현해보세요.

13장

고통의 바다 위에 떠 있는 삶

세상이 완벽하다고 단언하는 사람을 만난 적이 있습니다. 깜짝 놀랐습니다. '어떤 삶을 살아왔기에 세상을 완벽하다고 말하지? 혹시 재산이 엄청나 거침없이 살아왔거나 욕심이 없어 모든 일에 만족하면서 살아온 것일까?'

그렇게 생각한 이유가 있습니다. 사람들은 세상이 불공평하다고 말하기 일쑤입니다. 케니가 그러했습니다. 그녀는 열심히 공부하고 일하는 사람이었습니다. 옆 사람을 다독이면서 함께 가는 모습이 좋았습니다. 그런데 언젠가부터 자신이 노력한 만큼 보답이 주어지지 않는다고 불평하기 시작했습니다. 좋아하는 일로 목표를 세웠고 그 일에 헌신해왔는데 왜 이렇게 운이 안 따라주는지, 한탄이 끊이지 않았습니다. 게다가 그녀에게는 돌보아야 할 가족이 있었습니다. 나도 몸이 아픈데, 왜 나만 이렇게 가족에게 헌신해야 하는가. 왜 가족은 나의 힘듦을 알아주지 않나 하는 불만도 토로했습니다.

이분, 한 선생님은 아주 달랐습니다. 두 살이라는 어린 나이에 아버지를 잃었지만, 그는 자신이 왜 세상을 완벽하다고 보는가에 대해 거침이 없었습니다. 모든 것이 제자리를 갖고 있고 일어나야 할 일이 일어난다는 것이었지요. 그의 삶은 놀라웠습니다. 동대문 옷감 공장에서부터 목장, 제과점, 미장원, 식품점…… 무려 스물 일곱 개의 직업을 거쳐왔습니다. 피상적으로 들으면 놀랍니다만, 달리 보면 오죽하면 저렇게 많은 일을 했을까 하고 생각하게 됩니다. 잘 안되거나 망하거나. 아니나 다를까 그는 파산도 했다고 합니다. 그러나 칠십 대인 현재, 그는 타국에서 공장을 여러 개 운영하고 있고 세계 각지로 날아가 상담과 협상을 하고 있습니다. 놀라운 활동력에 감탄을 금할 수 없지요.

사람들이 삶을 보는 시각은 크게 두 가지로 나뉩니다. 첫째, 삶을 선물로 받아들이는 시각입니다. 한선생님의 시각이 그렇지 않을까요. 그는 미련, 후회, 기쁨 이 모두의 체험과 경험이 우리의 영성을 더 높은 차원으로 올려주는 고마운 사다리라고 생각합니다. 궁극에는 모든 고통과 고난 기쁨 행복 이런 모든 것이 이 세상에 있는 이유를 깨닫게 되면, 마음 속에 사랑만 남게 될 거라고 말합니다.

둘째, 삶을 고통으로 마주하는 시각입니다. 삶은 때로 피할 수 없는 어려움을 동반합니다. 케니는 당뇨에 시달리고 있습니다. 가족은 그녀에게 부담입니다. 자신의 삶은 실패라고 느끼고 있지요. 그녀는

'왜 나에게 이런 고통이 오는가?'를 묻습니다. '이 고통을 어떻게 감당해야 하는가?'와 같은 무거운 질문을 하고 있지요.

이 두 가지 시각은 삶의 실제 모습입니다. 우리는 삶의 다양한 측면을 경험하며 살아갑니다. 시는 이러한 삶의 양면성, 즉 기쁨과 슬픔, 아름다움과 아픔을 정직하게 담아냅니다. 시는 삶과 그 안에 존재하는 고통을 깊이 마주하도록 돕습니다. 그리고 그것을 외면하거나 저항하는 대신 있는 그대로 수용하며 성장하는 과정을 지원하기도 합니다. 어떻게 대하는가에 따라서.

첫 번째 시

여인숙

_잘랄루딘 루미

인간이라는 존재는 여인숙과 같다.
매일 아침 새로운 손님이 도착한다.
기쁨, 절망, 슬픔,
그리고 약간의 순간적인 깨달음들이
예기치 않은 방문객처럼 찾아온다.
그 모두를 환영하고 극진히 대접하라.
설령 그들이 슬픔의 군중이어서
그대의 집을 난폭하게 쓸어버리고
가구들을 내가더라도.
그래도 각각의 손님을 존중하라.
그들은 아마도 새로운 기쁨을 주기 위해
그대를 청소하는 것인지도 모르니까.
어두운 생각, 부끄러움, 후회,
그들을 문 앞에서 웃으며 맞으라.
그리고 안으로 들어오게 하라.
누가 들어오든 감사하게 여기라.
모든 손님은 저 멀리에서 보낸
안내자들이니까.

'가슴으로 시읽기' 안내:

이 시를 천천히, 여러 번 소리 내어 읽거나 마음속으로 음미해 보세요.

[1단계: 경험하기-시와 나의 첫만남]

- 첫 울림: 시 전체를 소리 내어 읽거나 마음속으로 느껴봅니다. 어떤 구절, 단어, 혹은 이미지가 가장 먼저 다가왔는지 알아차립니다.
- 경험과 연결하기: 그 구절이 왜 특별하게 느껴졌는지 자신에게 물어봅니다.
- 감정 알아차리기: 구절과 함께 떠오른 감정이나 신체 감각을 알아차립니다.
- 천천히 그 감정을 누리면서 그 감정을 겪도록 한 사건을 돌아봅니다.
- 감정에 이름 붙이기: 자신이 느끼는 가장 강력한 감정에 이름표를 붙입니다.
- 내려놓기: 이제 감정과 기억을 책 페이지 넘기듯 내려놓습니다. 혹은 한 호흡 내쉬면서 내어 보냅니다.

[2단계: 탐색하기- 시속 이정표 따라가기]

이제 개인적인 느낌에서 한 걸음 물러나, 시 전체가 말하고자 하는 더 깊은 의미를 탐색해 봅니다.

- 화자는 인간이 '여인숙'이라고 말합니다. 여인숙의 본질과 인간의 특징을 생각해봅니다.

- 이어 "매일 아침 새로운 손님이 도착한다."고 말하지요. 그들이 누구일지 추측해봅니다.

- 손님이 도착하면 맞아야 합니다. 온화하거나 아름답거나 혹은 거친, 다양한 손님들을 환영하는 자신을 떠올립니다.

- 때로 찾아오는 난폭한 손님들이 여인숙을 엉망으로 쓸어버리는 모습을 연상합니다.

- 그들이 집안의 가구들을 내가는 이미지를 그려봅니다.

- 비어버린 여인숙을 떠올립니다.

- 새로운 손님이 찾아오면 어떤 느낌이 들지를 생각해봅니다.

- 그 난폭한 손님들은 어떤 역할을 했을까요.

- 난폭한 손님들에게 자신의 감정을 겹쳐봅니다.

- 그런 다음 자신은 어떤 느낌이 들지를 생각해봅니다.

- 화자는 "모든 손님은 저 멀리에서 보낸 안내자들이니까"라고 선언합니다.

- 이제 나의 감정이 안내자라고 생각해봅니다. "저 멀리"는 어디를 의미할까요?

- 감정들이 나를 어디로 '안내'하기 위해 찾아온다고 생각하시는지요.

- '감정을 대하는 새로운 지혜'가 무엇인지 탐색해 봅니다.

[3단계: 통합하기 - 나의 언어로 표현하기]

하찮은 일 하나로 짜증이 났습니다. 설거지가 되어 있지 않았던 것입니다. 연달아 다른 것들이 눈에 들어왔습니다. 여기저기 늘어져 있는 재활용품, 물을 주지 않아 축 늘어진 화초잎. 평상시라면 전혀 개의치 않았을 그 일들이 자꾸만 눈에 띄었던 것입니다. 드디어 입 밖으로 불평을 꺼내고야 말았지요. 이내 후회할 것인데도 불구하고.

우리는 화가 날 때, 그 감정을 당연시하고 그 감정을 정당화합니다. 평상시에는 아무렇지도 않게 지내다가 문득 화가 나면 거기에 이유를 갖다 붙이는 것이지요. 그리고는 화를 밖으로 끌어냅니다. 화에는 놀라운 폭발력이 있습니다. 오죽하면 화를 활화산에 비유할까요. 한 번 불붙기 시작하면 걷잡을 수 없지요. 그 에너지가 크면 클수록 후회도 크지요. 걷잡을 수 없어지면 자신과 가족 모두를 파멸시키기도 합니다.

제 안에는 '나는 이렇게 열심히 하는데.'라는 생각이 자리 잡고 있었습니다. 저 일은 다른 식구가 해야 하는 것 아니냐고 압박하고 있는 것입니다. 그러나 저만 그럴까요? 가족들은 각자의 일로 인해 피곤하고 또 스트레스 받고 있습니다. 각기 풀리지 않는 일로 신경을 쓰고 있는 것이지만, 그 일은 자신 외에는 아무도 알 수 없습니다. 아무리 가족이라 해도.

아이가 설거지를 못한 이유를 알았을 때 얼마나 부끄러운지요. 조금 전 화는 흔적도 없이 사라져버렸습니다. 감정은 약 30초에서 60초간 지속된다고 합니다. 그 짧은 시간만 지나면 수그러드는데 그 순간이 어쩌면 그리도 긴지요.

루미의 시는 정확히 그 지점을 언급하고 있습니다. 감정이 내게 찾아오고 사라짐을 말해주는 것이지요. 이 시를 처음 읽었을 때의 충격을 잊을 수 없습니다. 눈앞이 환해지는 느낌이었지요. 그건 깨달음이었습니다. 아, 인간이라는 존재는 늘 이러한 감정을 느끼지. 매일 매시간 감정을 느끼면서도 그 감정이 들고 난다는 것을 왜 알아차리지 못했을까.

지금도 이 시는 어딘가에서 누군가에게 위안을 주고 있을 겁니다. 오늘 아침, 이미 잘 알고 있는 시인데도 불구하고 또 다시 멈추었으니까요. 그리고 또 다시 위안을 얻고 깨달음을 얻었으니까요. 그렇지요. 인간이라는 존재는 여인숙입니다. 다양한 손님들이 드나들지요. 그 손님들은 감정이고 생각이고 깨달음입니다. 감정과 생각은 쉽게 손님으로 분류가 되지만 깨달음이 손님으로 분류되는 경우는 많지 않은 듯 합니다.

감정과 생각은 아주 밀접하게 연관이 되어 있습니다. 어떤 감정은 생각 때문에, 나 자신의 해석 때문에 생겨나는 것인지도 모를 정도로 급속하게 떠오르지요. 아주 오랫동안 그 기억이 감정으로 연결되어 있기 때문입니다. 습관이 되어 있다면 그 생각은 자동적으로 번개보다 빨리 감정을 불러일으키니까요.

감정이 없다면, 생각이 없다면 깨달음을 얻을 수 있을까요? 감정과 생각은 깨달음을 가져오는 방편일지도 모릅니다. 그렇습니다. 이 모든 것은 나의 의식 안에서 일어나는 일. 매번 배우고 깨닫습니다.

감정으로 인해 생각으로 인해. 그렇다면 이들, 감정과 생각, 깨달음, 모든 손님은 저 멀리에서 보낸 안내자들인 것이지요. 성장으로 이끄는.

이제 당신의 차례입니다. 글이나 그림으로 자신의 명상 여정을 표현해보세요.

두 번째 시

대답(The Answer)
_사라 티스데일(Sara Teasdale)

내가 흙으로 돌아가 기쁨을 주던 나의 몸이
한때 그토록 자랑스러웠던
붉고 흰 빛깔을 벗어 던졌을 때,

만약 사람들이 니의 위를 지나가며
거짓되고 희미한 동정심을 보인다면,
나의 먼지는 목소리를 찾아
그들에게 큰 소리로 대답하리:
"조용히 하세요, 나는 만족하니,

당신들의 그 가벼운 연민을 거두세요,
기쁨은 내 안의 불꽃이었기에
결코 파괴되지 않았지요;
휘어지는 갈대처럼 유연하게,
그녀를 흔드는 폭풍을 사랑했답니다―

나는 슬픔 속에서
당신들이 기쁨 속에서 찾을 수 있는 것보다
더 큰 기쁨을 찾았어요."

'가슴으로 시읽기' 안내:

이 시를 천천히, 소리 내어 읽거나 마음속으로 다시 한번 읽어보세요. 시의 언어와 소리가 당신의 감각을 어떻게 깨우는지 느껴봅니다.

[1단계: 경험하기- 시와 나의 첫만남]

- 첫 울림: 시 전체를 소리 내어 읽거나 마음속으로 느껴봅니다. 어떤 구절, 단어, 혹은 이미지가 가장 먼저 다가왔는지 알아차립니다.
- 경험과 연결하기: 그 구절이 왜 특별하게 느껴졌는지 자신에게 물어봅니다.
- 감정 알아차리기: 구절과 함께 떠오른 감정이나 신체 감각을 알아차립니다.
- 천천히 그 감정을 누리면서 그 감정을 겪도록 한 사건을 돌아봅니다.
- 감정에 이름 붙이기: 자신이 느끼는 가장 강력한 감정에 이름표를 붙입니다.
- 내려놓기: 이제 감정과 기억을 책 페이지 넘기듯 내려놓습니다. 혹은 한 호흡 내쉬면서 내어 보냅니다.

[2단계: 탐험하기-시속의 이정표 따라가기]

- 이제 시를 다시 읽어보세요. 이번에는 시인이 이 시 전체를 통해 전하려는 메시지와 다양한 이미지들을 탐구합니다.

- 첫 번째 읽었을 때와 다르게 느껴지는 부분이 있나요? 같은 감정이 떠오르는지, 아니면 다른 감정으로 변화했는지 스스로 알아차립니다. 이때, 변화가 일어났다면, 그것이 어떤 이유 때문인지 자신에게 묻습니다.

- 이제 시의 이미지들을 하나씩 마음속으로 가져와 봅니다. 화자가 "흙으로 돌아가"고 모든 '기쁜 몸의 빛깔을 벗어 던지는' 모습에서 무엇을 알아차릴 수 있는지요? 몸의 빛깔은 붉고 흰 빛깔입니다. 이 빛깔들은 무엇을 의미하나요?

- 죽음 이후 자신에게 "거짓되고 희미한 동정심"을 보이는 사람들에게 "나의 먼지가 목소리를 내어 대답하리"라는 구절은 화자의 태도가 어떤 것이라고 알려주나요?

- 화자가 "나는 만족하노라", "너희의 가엾은 연민을 거두어라"라고 말하는 것은 왜인가요?

- 이번에는 "기쁨은 내 안의 불꽃이었기에 결코 파괴되지 않았노라"는 구절의 의미를 생각해봅니다.

- 마지막으로 "휘어지는 갈대처럼 유연하게, 그녀를 흔드는 폭풍을 사랑했답니다— 나는 슬픔 속에서 당신들이 기쁨 속에서 찾을 수 있는 것보다 더 큰 기쁨을 찾았어요." 이 구절에서 어떤 자세가 배어 나오는지 생각해봅니다.

- 화자가 말하는 이야기가 완성되었습니다. 화자는 시 전체에서 무엇을 말하고자 하는 것인가요. 처음 읽었을 때와 같은지 생각해봅니다.

[3단계: 통합하기-나의 언어로 표현하기]

시의 화자는 이미 죽은 상태입니다. 그녀의 몸은 묘지에 묻혀 썩었고 오직 흙가루만이 남았지요. 사람들은 지나가면서 그녀의 묘지를 보고 혀를 찹니다. 죽었으니까요. 그러나 그녀는 단순히 죽었다는 사실에 대해 사람들이 던지는 연민을 바라지 않습니다. 사람들의 연민은 그저 피상적인 것, 그들은 살아 있다는 것에 무게를 두고 있지요. 죽은 그녀는 기쁨을 누릴 수 없으니까요.

하지만 화자의 생각은 다릅니다. 그녀는 기쁨이 곧 자신의 불꽃이었다고 말합니다. 여기서 우리는 화자가 얼마나 열렬하게 살았는지 깨달을 수 있습니다. 그러나 그 기쁨이 단순히 희로애락의 기쁨만은 아니라는 것이 곧 드러납니다. 그녀가 말하는 기쁨은 생의 모든 것을 누리는 기쁨입니다. 즉 그녀는 기쁨도 노여움도 사랑도 슬픔도 온전히 온전히 누렸던 것이지요. 그녀가 사랑한 것은 삶 그 자체였습니다. 그렇다면 그녀는 존재하기를 즐겼던 것이지요.

그녀에게 중요했던 것은 지나가는 사람들의 시선이 아니었습니다. 삶에서 일어나는 모든 일을 긍정하면서 온전히 인정했던 것입니다.

이 시가 제게 와 닿았던 것은 저와는 참으로 다른 태도였기 때문입니다. 저는 살아오면서 여러 사람의 인정을 바랐습니다. 어린 시절에는 부모님의 사랑을 바랐고 칭찬을 바랐습니다. 조금 더 커서는 형제의 인정을 바랐습니다. 학교 들어가서는 친구들로부터 인정받기를 바랐고 선생님의 인정과 칭찬을 원했습니다. 용기가 없어서 밖으로 내놓지도 못하고 적극적으로 요구하지도 못했지만, 마음속에는 그 욕망이 끊임없이 꿈틀거렸지요.

오래도록 그렇게 살아왔습니다. 지금이라고 해서 많이 달라졌을까
요. 그러한 나를 들여다보다가 어느 날 깨달은 것은 타인으로부터 바
라는 사랑에는 끝이 없다는 것이었습니다. 내 사랑의 기준은 나만이
압니다. 내 인정의 기준은 나만이 압니다. 타인의 사랑과 인정은 나
의 기준을 채우지 못합니다. 타인 역시 마찬가지입니다. 열 명이 한
사람의 시중을 들어도 여전히 부족하다고 합니다. 타인도 나도 인정
을 바라고 있기 때문이지요. 그 인정은 바닷물과도 같아 아무리 들이
켜도 목이 마르지요. 그러므로 내가 나를 인정하지 않을 때는 언제나
고통스럽습니다. 그러나 내가 나를 인정하고 사랑한다면 내가 겪는
사건들을 긍정하게 됩니다. 한선생님이 그러했을 겁니다.

이제 당신의 차례입니다. 글로 쓰거나 그림으로 표현해보세
요.

14장

슬픔은 선물

눈물을 흘리고 있는 돌 조각상을 본 적이 있습니다. 17세기의 프랑스 성당에 있는 그 조각에서는 돌로 된 눈물이 흘러내리고 있었지요. 가볍고 공기처럼 부드러운 눈물을 돌로 조각해 냈다는 데 대해 놀랐지요. 그 조각상은 '피에타'였습니다. 널리 알려진 피에타는 바티칸에 있는 미켈란젤로의 피에타입니다. 십자가에서 내려진 예수의 시신을 안고 슬퍼하는 성모 마리아의 모습을 묘사한 조각상이지요.

고백하는데 유리 상자 속에 전시된 그 조각상을 보고 그다지 큰 감흥을 느끼지 못했습니다. 그냥 '돌인데 저렇게 섬세하게 옷 주름을 표현하다니! 성모 마리아가 젊고 예쁘구나!' 하고 생각했을 따름입니다. 물론 많은 사람이 뒤에서 기다리고 있었고 스치듯 보았기에 자세히 감상할 시간이 없어서였을 수도 있습니다. 그러나 훗날 찾은 피에타 관련 일화는 제 느낌이 옳았다고 확인해주었습니다. 미켈란젤로는 한창 젊은 시절인 24세에 이 피에타를 조각했습니다. 예술적인 야망이 이 조각상을 자연스럽지 않게 표현하도록 만들었던 것입니다. 그 글은 또 다른 피에타를 소개하고 있었습니다. 바로 '론다니니 피에타'입니다.

'론다니니 피에타'는 성모 마리아가 예수를 십자가에서 내리는 자세를 취하고 있지요. 마리아의 왼손은 예수의 왼쪽 어깨를 잡고 있고 오른쪽 손은 아마도 예수의 오른팔 사이로 들어가 있을 겁니다. 추측을 하는 것은 오른손이 아직 돌에서 나오지 않았기 때문입니다. 이 피에타에서 온전히 드러난 것은 예수의 다리뿐입니다. 상체도 얼굴도 아직 미완성입니다. 그러나 미켈란젤로는 이 조각상을 오래도록 곁에 두었다고 합니다. 89세의 나이로 죽기 사흘 전까지 만지작거렸던 것이 바로 이 조각상이라고도 하지요.

어쩌면 미완성이기에 많은 이야기를 할 수 있을 겁니다. 눈을 내리뜨고 있는, 예수를 상처 없이 혹은 곱게 십자가에서 잘 내리려고 아래를 내려다보고 있는 마리아의 시선, 그리고 고개가 숙여져 반쪽만 드러난 예수의 얼굴. 이 '론다니니 피에타'가 훨씬 더 현실적으로 느껴지는 것은 아마도 슬픔은 이렇게 표현되지 않을까 하는 추측 때문입니다. 마리아의 얼굴은 고요합니다. 고요하다고 해야 옳겠습니다. 얼굴이 온전하지 않다고 해도 느낌은 드러나는 법입니다. 그것은 조각가가 표현하려고 했던 그 모습을 이미 얼굴에 부여해 넣었기 때문일 겁니다. 어떤 그림을 그리고자 할 때 대충 형체만 그려도 몸과 얼굴은 이미 표정을 갖습니다. 그것은 그 그림에 그리는 이의 의도를 넣기 때문입니다. 그것은 기운이자 에너지입니다.

'론다니니 피에타'의 예수와 마리아는 한 덩어리로 그들의 몸은 밀착되어 있습니다. 생명이 없어 쓰러지는 아들의 몸을 지탱하고 있는 어머니. 평자들은 어린 시절 어머니를 잃은 미켈란젤로가 그 슬픔을 이 조각에 쏟아 넣었다고 합니다. 어쩌면 미켈란젤로는 생의 마지막에서 비로소 그 상실의 의미를 더욱 절절하게 느꼈던 것이 아닐까요. 그렇습니다. 슬픔은 상실에서 시작됩니다. 상실은 관계가 더 이상 진전되지 않는다는 의미이기 때문입니다.

슬픔은 도망칠 때보다 고요히 멈춰 설 때 더 선명해집니다. 마치 상처가 아물기 위해서는 먼저 제대로 들여다봐야 하는 것처럼, 슬픔도 회피하지 않고 직면할 때 비로소 그 의미를 드러냅니다. 그렇다면 슬픔으로 인해 우리는 한결 더 성장할 수 있지 않을까요. '론다니니 피에타'가 미완의 작품이지만 그 미완의 표정으로 인해 오히려 더 충만했던 것처럼요.

첫 번째 시

님의 침묵
_한용운

님은 갔습니다. 아아, 사랑하는 나의 님은 갔습니다.
푸른 산빛을 깨치고 단풍나무 숲을 향하여 난
작은 길을 걸어서 차마 떨치고 갔습니다.
황금의 꽃같이 굳고 빛나던 옛 맹세는 차디찬 티끌이 되어서
한숨의 미풍에 날아갔습니다.
날카로운 첫 키스의 추억은 나의 운명의 지침을 돌려놓고
뒷걸음쳐서 사라졌습니다.
나는 향기로운 님의 말소리에 귀먹고,
꽃다운 님의 얼굴에 눈멀었습니다.
사랑도 사람의 일이라 만날 때에 미리 떠날 것을
염려하고 경계하지 아니한 것은 아니지만,
이별은 뜻밖의 일이 되고 놀란 가슴은
새로운 슬픔에 터집니다.

그러나 이별을 쓸데없는 눈물의 원천을 만들고 마는 것은
스스로 사랑을 깨치는 것인 줄 아는 까닭에,
걷잡을 수 없는 슬픔의 힘을 옮겨서
새 희망의 정수박이에 들어부었습니다.

우리는 만날 때에 떠날 것을 염려하는 것과 같이,
떠날 때에 다시 만날 것을 믿습니다.

님은 갔지만 나는 님을 보내지 아니하였습니다.
제 곡조를 못 이기는 사랑의 노래는 님의 침묵을 휩싸고 돕니다.

가슴으로 시읽기:

이 시를 천천히, 소리 내어 읽거나 마음속으로 다시 한번 읽어보세요. 시의 언어와 소리가 당신의 감각을 어떻게 깨우는지 느껴봅니다.

[1단계: 경험하기- 시와 나의 첫만남]

- 첫 울림: 시 전체를 소리 내어 읽거나 마음속으로 느껴봅니다. 어떤 구절, 단어, 혹은 이미지가 가장 먼저 다가왔는지 알아차립니다.
- 경험과 연결하기: 그 구절이 왜 특별하게 느껴졌는지 자신에게 물어봅니다.
- 감정 알아차리기: 구절과 함께 떠오른 감정이나 신체 감각을 알아차립니다.
- 천천히 그 감정을 누리면서 그 감정을 겪도록 한 사건을 돌아봅니다.
- 감정에 이름 붙이기: 자신이 느끼는 가장 강력한 감정에 이름표를 붙입니다.
- 내려놓기: 이제 감정과 기억을 책 페이지 넘기듯 내려놓습니다. 혹은 한 호흡 내쉬면서 내어 보냅니다.

[2단계: 탐색하기- 시속 이정표 따라가기]

- 이제 시를 다시 읽어보세요. 이번에는 첫 번째 읽기에서 느낀 감정 생각에서 한 걸음 벗어나 시인이 이 시 전체를 통해 전하

려는 메시지와 다양한 이미지들을 탐구합니다.

- 시의 제목은 '님의 침묵'입니다. 님이 침묵을 지킨다는 의미로 읽힙니다. 그러나 첫 구절은 "님은 갔습니다"라는 서술로 시작하고 이어 "아아, 사랑하는 나의 님은 갔습니다"라고 되뇌입니다. '갔습니다'가 두 번 되풀이 됩니다. 님의 침묵과 연결 지으면 이 침묵이 잠시의 단절로 느껴지는가요 혹은 아주 단호한, 마지막으로 느껴지는가요.

- 화자는 님이 "푸른 산빛을 깨치고" "단풍나무 숲"을 향해 난 길로 갔다고 묘사합니다. 푸름에서 나와 단풍으로 향한다는 것은 님이 간 길에 대한 화자의 느낌에 대한 비유입니다. 화자는 어떻게 느끼고 있습니까?

- 이별 후, '황금의 꽃 같던 옛 맹세'는 '차디찬 티끌'이 되었다고 표현해 최고에서 최저 혹은 밑바닥으로 곤두박질치고 있습니다. '황금의 꽃'과 '날카로움'에서 '티끌'로의 이 극적인 하강은, 이별이 화자의 내면을 어떻게 바꾸어 놓았는지 보여줍니다.

- 화자는 "날카로운 첫 키스의 추억"이 운명의 지침을 돌렸다고 말합니다. 키스는 날카롭지 않습니다. 하지만 화자는 첫 키스가 날카로웠다고 표현합니다. 이어 '운명의 지침'까지 돌려놓았다고 표현합니다. 날카로움과 운명의 지침 사이에는 어떤 연관이 있을까요. 이 표현은 돌려놓았다와 깊은 연관이 있습니다.

- 한편 화자는 님의 말소리를 '향기로운'이라고 표현하고 님의

얼굴이 '꽃다운'이라고 표현하고 있어 님에 대한 자신의 마음을 묘사합니다. 그렇기에 읽는 우리는 지금까지의 묘사를 납득합니다.

- "그러나 이별을 쓸데없는 눈물의 원천을 만들고 마는 것은 스스로 사랑을 깨치는 것인 줄 아는 까닭에",라는 구절에 이르면 화자의 진심을 알게 됩니다. 왜 화자는 '슬픔에만 머무는 것'이 '스스로 사랑을 깨뜨리는 것'이라고 생각했을까요? '사랑을 지키는 것'과 '슬픔을 다루는 태도'는 어떤 관계가 있을까요?

- 그 깨달음의 결과로, 화자는 "걷잡을 수 없는 슬픔의 힘을 옮겨서 새 희망의 정수박이에 들어부었습니다."라고 말합니다. '슬픔'이 '힘'을 가질 수 있다는 것, 그리고 그 힘을 '옮겨' 다른 곳에 '부을' 수 있다는 이 표현은 무엇을 의미할까요?

- 마침내 화자는 "떠날 때에 다시 만날 것을 믿습니다."라고 선언합니다. 이별이라는 명백한 현실 앞에서, 어떻게 이런 '믿음'이 가능할 수 있을까요? 이것은 단순한 자기 위안일까요, 아니면 이별의 본질을 넘어선 더 깊은 차원의 깨달음일까요?

- 시는 "님은 갔지만 나는 님을 보내지 아니하였습니다."라는 역설로 끝을 맺습니다. '떠나간 님'과 '보내지 않은 님'은 어떻게 한 문장 안에서 공존할 수 있을까요? 이 시를 모두 읽고 난 지금, 당신에게 '님의 침묵'이란 무엇을 의미하는지 생각해 봅니다.

[3단계; 통합하기-나의 언어로 표현하기]

몸 치유 모임에 참석한 적이 있습니다. 그리고 날카로운 키스와 같은 그 '첫 경험'을 했습니다. 그 모임은 자유로운 몸짓을 통해 내면을 마주하는 워크숍이었고, 낯설지는 않았습니다. 배웠던 적이 있었기 때문입니다. 그러나 그때는 어찌해야 좋을지 몰랐고, 다른 사람들을 힐끗거렸으며, 어색했습니다. 한 학기 내내 애썼습니다만 이질적이었습니다. 어쩌면 깊은 불신이 아니었을까요? '이 정도로 몸에 존재하는 무의식을 끌어낼 수 있단 말인가?' 하는 의구심이 더 두터웠을 것입니다.

그러던 것이 나 자신의 자리를 정하고 나자 새로워지기 시작했습니다. 나의 자리란 내 안으로 들어가는 일이었습니다. 아무리 훌륭한 기법이라고 해도 내 안으로 들어가 나를 샅샅이 경험하지 않고서는 생기를 띠지 못합니다. 기법은 삶에서 내가 사용하는 것이라야 살아나는 것입니다. 분명 나는 기법을 시작했는데, 내가 살아내고 있음을 깨닫게 되는, 그것이 내면 탐색이고 그것이 몸과 마음을 연결하는 방법이 아닐까요?

그랬으므로 이 모임에서의 경험이 날카로운 첫 경험이 되었을 것입니다. 누구도 의식하지 않고 나의 내면에 집중하는 그 일, 무자각을 베어내는 그 일이 첫 경험입니다. 어느 형식에도 얽매이지 않는 춤은 내 안의 나를 만나는 경험입니다. 누군가의 시선을 두려워하지 않을 때 비로소 가 닿을 수 있는 나의 모습입니다.

「님의 침묵」에서 화자가 말하는 첫 경험은 바로 그 경험입니다.

화자는 분명 '날카로운 첫 키스'라고 말하고 있지요. 나를 깨어나게 만든다는 점에서 첫키스입니다. 우리의 삶에서 깨어나는 이러한 고통은 얼마나 많을까요? 매번 익숙한 세계를 벗어나야 할 때마다 이러한 슬픔을 겪겠지요. 그러나 슬픔은 한편으로 타인을 이해하도록 만드는 근원입니다. 깊은 슬픔을 겪은 이는 타인을 위로할 줄 압니다. 한 번 세계가 깨어져 본 이는 그만큼 성숙하는 것이지요. 첫 키스가 날카로웠던 만큼, 그 파장은 큰 것이 되고 그것이 깨어졌을 때 회복하는 힘도 큰 것이니까요.

이제 낭신의 차례입니다. 당신만의 어휘로 혹은 그림으로 표현해보세요.

두 번째 시

누구를 위하여 종은 울리나(Meditation 17 일부)
_존 던

그 누구도 홀로 섬이 아니며, 그 자체로 온전한 것은 아니다.
모든 인간은 대륙의 한 조각이며, 본토의 한 부분이다.
만약 흙 한 덩이가 바닷물에 씻겨나가면,
유럽은 그만큼 작아지리라.
마치 곶이 사라지는 것처럼,
혹은 그대의 친구가 사라지는 것처럼,
혹은 그대 자신이 사라지는 것처럼.
어떤 인간의 죽음도 나를 감소시킨다.
나는 인류의 일부이기 때문이다.
그러니 누구를 위하여 종이 울리는지 묻기 위해
사람을 보내지 말라.
종은 그대를 위하여 울린다.

가슴으로 시 읽기 안내:

이 시를 천천히, 소리 내어 읽거나 마음속으로 다시 한번 읽어보세요. 시의 언어와 소리가 당신의 감각을 어떻게 깨우는지 느껴봅니다.

[1단계:경험하기-시와 나의 첫만남]

- 첫 울림: 시 전체를 소리 내어 읽거나 마음속으로 느껴봅니다. 어떤 구절, 단어, 혹은 이미지가 가장 먼저 다가왔는지 알아차립니다.
- 경험과 연결하기: 그 구절이 왜 특별하게 느껴졌는지 자신에게 물어봅니다.
- 감정 알아차리기: 구절과 함께 떠오른 감정이나 신체 감각을 알아차립니다.
- 천천히 그 감정을 누리면서 그 감정을 겪도록 한 사건을 돌아봅니다.
- 감정에 이름 붙이기: 자신이 느끼는 가장 강력한 감정에 이름표를 붙입니다.
- 내려놓기: 이제 감정과 기억을 책 페이지 넘기듯 내려놓습니다. 혹은 한 호흡 내쉬면서 내어 보냅니다.

[2단계: 탐색하기-시속 이미지 따라가기]

- 이제 시를 다시 읽어보세요. 이번에는 첫 번째 읽기에서 느낀 감정 생각에서 한 걸음 벗어나 시인이 이 시 전체를 통해 전하

려는 메시지와 다양한 이미지들을 탐구합니다.

- "그 누구도 홀로 섬이 아니며, 그 자체로 온전한 것은 아니다." 에서 어떤 이미지가 떠오르나요.
- 이제 앞의 구절과 "모든 인간은 대륙의 한 조각이며, 본토의 한 부분이다."을 비교해 봅니다. 이 구절과 앞 구절이 서로 연결되어 어떤 이미지를 그려내는지 생각해봅니다.
- 화자는 '흙 한 덩이'가 사라지면 '유럽'이 작아진다고 말합니다. 그런 다음 어떤 인간이 사라지건 간에 자신도 감소된다고 합니다. 그렇게 생각해본 적이 있는지 그저 이론 중의 하나인지를 생각해봅니다.
- 이제 마지막 부분을 읽어봅니다. 이 종은 누군가의 죽음을 알리는 종입니다.
- 그 종이 나 자신을 위해 울린다는 표현에서 어떤 느낌을 받으셨는지요.

{3단계: 통합하기-나의 언어로 표현하기}

지난 해, LA에 살던 친구 휘이화가 죽었습니다. 수십 년 동안, 그녀는 가족과 더불어 미국에 살았습니다. 부고를 전해온 사람은 그녀의 딸이었습니다. 페북을 통해 전해온 것이지요. 며칠 전 그녀의 꿈을 꾸었다는 것이 생각났습니다. 어쩌면 그녀가 나를 찾아왔던 것일까요? 내일 전화해야지 했다가 바빠서 잊어버렸습니다. 어쩌면 전화해도 소용없었을 겁니다. 이미 위독해져 있었을 테니까요.

그녀의 딸이 장례식 링크를 보내왔습니다. 장례 기간은 열흘, 의외로 길었습니다. 생각해보니 그들은 미국에 삽니다. 친지들은 한국에도 있고 중국에도 있고 아마 또 다른 나라에도 있을 것입니다.

장례식은 새벽 세 시였습니다. 접속했더니 카메라가 두 개의 각도에서 비추어주었습니다. 그녀는 관속에 누워 있었고 상반신이 얼핏 보였습니다. 친척들이 그녀에게 와서 인사를 했습니다. 다시 접속했을 때 그녀의 딸이 추모사를 읽고 있었습니다. 카메라가 휴이화를 관 양쪽, 위에서 연신 비춰주었습니다. 떨리는 목소리로 딸은 추모사를 읽어 내려갔습니다.

그녀가 암을 세 번 앓았다는 이야기, 결국은 뼈암으로 죽었다는 이야기, 그 고통스러운 와중에도 항상 밝았다는 이야기……슬라이드가 지나갈 때 사진들 몇 개를 캡처했습니다. 그녀는 머리가 하얗게 세었고 언제나처럼 활짝 웃고 있었습니다. 기억하던 모습 그대로였지요.

이틀이 지났습니다. 학교에서 정운씨를 만나 이야기를 나누었습니다. 그다지 친하지는 않았지만, 그에게서 느껴지는 그 고단한 기운이 저와 유사했던 겁니다. 아니나 다를까 정말 그러했습니다. 그의 삶은 고단함의 연속이었던 것이지요.

그리고 며칠 후 그의 부고를 들었습니다. 정말 뜻밖이었습니다. 그렇게 며칠 사이로 두 명이 죽었습니다. 나와 같은 시대에 살았고 나처럼 고통을 겪은 이들이 죽었습니다. 수줍어하는 이들이, 세상을 힘겹게 살아가던 이들이.

바쁘게 지내던 날들이 주마등처럼 지나갔습니다, 내 쓸모를 증명하기 위해 아우성 치던 날들. 조직은 마지막 한 방울까지 쥐어 짜내려 했고 거기에 부응해 내 존재가치를 증명하려 했지요. 어디 나뿐일까요. 모든 이가 그러할 것이지만 나는 어리석었습니다.

받아들이려 했고 그대로 실천하려 했습니다. 배운 것의 원리를 따져 내 것으로 삼으려 들기를 진작에 포기했던 것이지요. 그 일, 원리를 내 것으로 삼는 그 일은 어려웠으므로 밀어 두었던 것입니다. 세상이 내게 그렇게 요구한 것은 아닙니다. 제가 그렇게 생각했던 것이지요. 세상이 말하는 기준은 없습니다. 기준은 나 자신이 세우는 것입니다. 그러나 세상이 요구한다고 생각했던 것을 갈구했으며 그것의 해로움을 이제 느끼는 참입니다. 나와 같았던 이들, 휴이화와 정운씨를 위해 울린 조종은 바로 나를 위해 울린 것이었습니다.

이제 당신의 차례입니다. 글이나 그림으로 표현해보세요.

15장

있는 그대로 온전한 나

자기 수용은 참 쉽습니다. 아니 쉽다고 생각했습니다. 자기를 받아들인다는 의미이니까요. 그렇다면 자기 수용의 특징이 무엇일까요? 그 특징 혹은 속성을 천천히 읽어 내려가다가 깜짝 놀랐습니다. 사실은 읽어 내려간다는 것보다 내가 지닌 특징과 비교해보았다는 것이 옳습니다. 그리고는 전혀 나 자신을 신뢰하고 있지 못함을 깨달았습니다. 나 자신을 받아들이지 않고 있었던 것이지요.

제가 숨을 들이킨 대목은 "타인의 평가에 지나치게 예민하다"였습니다. 그리고는 자기 기준보다 타인의 기준을 더 신뢰하고 있다고 설명하고 있었습니다. 비로소 알 것 같았습니다. 제가 왜 그렇게 남편의 말을 잘 듣는지. 왜 그리 남편의 한마디에 쩔쩔매는지. 이런 일은 무수히 일어납니다. 지난 금요일만 해도 그랬으니까요. 그날은

먼 곳에 가는 터라 새벽에 출발해야 했습니다.

밤을 새워 자료를 준비한 다음, 새벽 세 시가 되어서야 잠깐 눈을 붙였습니다. 그리고는 알람이 울려 5시 47분에 눈을 떴습니다. 다시 자료를 손질했지요. 기차 시간에 맞추려면 집에서 7시에는 나가야 했습니다. 대강 준비를 마치고 세수했습니다. 머리도 채 빗기 전인데 남편이 늦었다는 한마디를 남기고 뛰어나갔습니다. 저도 뛰어나갔지요. 기차역에 도착해보니 출발 시간이 20분이나 남아있었습니다. 남편은 저보다 늦게 기차역에 도착했고요.

저 자신에게 화가 났습니다. 이미 동선을 다 짜놓았기에 제 스케줄대로 하면 됩니다. 그러나 그가 늦었다고 뛰어나갔기에 흔들렸던 겁니다. 여분의 겉옷도, 양말도 준비하지 못했던 터라 기차 안에서 냉기에 떨어야 했습니다. 돌아보면 그런 일이 한두 번이 아니었습니다. 이미 나 자신의 기준이 있음에도 그걸 내려놓고 타인의 제안을 따랐던 것입니다. 삶은 나의 것입니다. 가장 중요한 일은 결국 내가 선택하고 내가 이끌어가는 것입니다. 그런데 왜 타인의 말을 따르는 것일까요? 그것은 타인이 나보다 더 낫다고 믿기 때문입니다. 결국 자신을 믿지 못하는 것이지요.

해결책은 하나입니다. 내가 살아온 삶을 믿는 것. 나 자신을 믿는 것입니다. 그것이야말로 나를 위로하는 일입니다. 나를 믿지 못할 때 가장 손해를 보고 가장 힘들어하는 사람은 바로 나 자신이기 때문입니다. 그것은 지금의 나가 있는 그대로 온전하기 때문입니다. 나는 지금까지 수많은 일을 겪어왔고 그 일들을 넘어서서 지금까지

왔습니다. 그 나를 받아들이고 믿는다면 지금 이 순간은 온전해지는 순간이 됩니다. 매순간 내가 온전하다면 과거도 미래도 그러할 것입니다. 그러므로 우리에게는 자신을 믿는 것이 필요하고 자신을 받아들이는 일이 필요합니다.

이 장에서는 '자기 수용과 위로'라는 주제를 담은 두 편의 시를 만나보겠습니다. 이 시들이 우리를 자기 이해와 내면의 평화로 이끌어 줄 것입니다.

첫 번째 시

삶이 그대를 속일지라도
_알렉산드르 푸시킨

삶이 그대를 속일지라도
슬퍼하거나 노하지 말라!
우울한 날들을 견디며 믿으라.
기쁨의 날이 오리니.

마음은 미래에 살고
현재는 괴로운 것.
모든 것은 순식간에 지나가고
지나간 것은 훗날 소중하게 되리니.

'가슴으로 시읽기' 안내:

이 시를 천천히 읽어보세요. 소리 내어 읽거나 마음속으로 읽습니다. 시의 언어가 당신의 감각과 마음에 어떻게 와 닿는지 느껴봅니다.

[1단계: 경험하기-시와 나의 첫만남]
- 첫 울림: 시 전체를 소리 내어 읽거나 마음속으로 느껴봅니다. 어떤 구절, 단어, 혹은 이미지가 가장 먼저 다가왔는지 알아차립니다.
- 경험과 연결하기: 그 구절이 왜 특별하게 느껴졌는지 자신에게 물어봅니다.
- 감정 알아차리기: 구절과 함께 떠오른 감정이나 신체 감각을 알아차립니다.
- 천천히 그 감정을 누리면서 그 감정을 겪도록 한 사건을 돌아봅니다.
- 감정에 이름 붙이기: 자신이 느끼는 가장 강력한 감정에 이름표를 붙입니다.
- 내려놓기: 이제 감정과 기억을 책 페이지 넘기듯 내려놓습니다. 혹은 한 호흡 내쉬면서 내어 보냅니다.

[2단계: 탐색하기-시속 이정표 따라가기]
- 이제 시를 다시 읽어보세요. 처음과 다르게 느껴지는 부분이

있나요?

- 시 전체가 그려내는 이미지와 메시지를 집중해 탐구합니다.

- 첫 구절은 "삶이 그대를 속일지라도 / 슬퍼하거나 노하지 말라!"고 단호하게 시작합니다. 과연 삶이 우리를 속이는 것일까요? 어쩌면 우리가 세운 기대치와 현실 사이의 괴리감에서 오는 좌절감이 '속임'으로 느껴지는 것은 아닐까요.

- 세 번째 구절에서 화자는 "마음은 미래에 살고 / 현재는 괴로운 것" 이라고 말합니다. 마음이 미래에 산다는 것은 어떤 의미일까요. 마음은 현재를 기꺼워하고 있지 않다는 의미일까요. 혹은 무언가 계획을 세우고 결과를 내다보고 있다는 의미일까요?

- 네 번째 구절에서 화자는 "모든 것은 순식간에 지나가고 / 지나간 것은 훗날 소중하게 되리니"라고 말합니다. 지나갔기에 소중하다는 의미일까요? 혹은 지나간 일의 의의를 알게 되었다는 의미일까요? 이 구절에서 화자는 어떤 생각을 하고 있었을까요?

- 시간이 흐름에 따라 동일한 경험이 어떻게 다른 의미를 갖게 되는지 생각해 봅니다.

[3단계: 통합하기– 나의 언어로 표현하기]

졸업식 때, 박사 공부를 끝낸 저는 기대에 부풀어 있었습니다. 44세라는 늦은 나이에 대학원 공부를 시작했고, 주부였던 데다가 금전적 지원도 없었습니다. 암을 앓았던 터라 더욱 기뻤습니다. 마침,

강의를 해 달라는 요청이 있었던 터라 날아갈 듯했습니다.

당시 총장님이 졸업생과의 한 컷에 동참해주셨습니다. 총장님은 제 소속을 묻더니 표정이 어두워졌습니다. 그리고는 축하해주셨지만, 그늘은 사라지지 않았습니다. 그때만 해도 힘든 공부를 끝냈다는 기쁨에 부풀어 있을 뿐 일자리를 얻기가 얼마나 힘든지 몰랐습니다. 총장님은 이미 알고 계셨기에 어두운 표정을 하셨던 거지요.

그렇게 강의를 시작했습니다. 무수히 강의 계획서를 썼고 어느 학교에서 불러주면 기뻐서 어쩔 줄 몰랐습니다. 밤을 새워 자료를 준비했고 지쳐 쓰러질 것 같다는 느낌이 들 때까지 강의를 했습니다. 지식 보따리 장사라는 표현이 공연히 나온 말이 아니었습니다. 이 학교 저 학교로 얼마나 뛰어다녔을까요. 연구비를 따기 위해 계획서는 또 얼마나 여러 번 썼는지요. 힘들었습니다. 하지만 이런저런 꿈을 꾸느라 행복했습니다. 다음 목표를 세우고 또 세우고. 탈락하면 나락에 떨어진 것 같았습니다. 우울했지요. 다시 강의하고 연구하고 도전하고 또 도전하고. 마침내 한 학교에 안착했지만, 또 다른 일이 생겨났고 오늘에 이르기까지 그렇게 시간이 흘러갔습니다.

그런 시간이 흘렀습니다. 그야말로 쏜살같습니다. 돌아보는 지금은 그 어려움도 소중하게 여겨집니다. 지금 여기 와 있는 것은 그 당시의 노력이 밑거름이 되어주었으니까요.

이제 당신의 차례입니다. 글로 혹은 그림으로 표현해보세요.

두 번째 시

너 자신의 노래(Song of Yourself 일부 발췌)/
_월트 휘트먼(Walt Whitman)

난 나 자신을 찬미하고, 나 자신을 노래하네,
내가 받아들이는 것을, 당신도 받아들이리라,
내게 속하는 모든 원자가 또한 당신을 이루고 있으니.

난 한가롭게 내 영혼을 불러내어,
편히 기대어 여름 풀잎의 새싹을 바라보네.

내 혀와 내 피의 모든 원자가 이 흙, 이 공기에서 생겨났고,
여기서 태어난 부모에게서 태어났고,
그 부모는 똑같이 그 부모의 부모에게서 태어났네.
이제 37세의 더할 나위 없이 건강한 나는 시작하네,
죽을 때까지 멈추지 않길 바라며.

이념적 교의와 학파들은 보류해 두라,
현재의 상태를 충분히 알고 잠시 물러나되, 결코 잊지 말기를,
나는 좋든 나쁘든 품을 것이며, 나는 모든 위험을 무릅쓰고 말하리라,
원초적 힘을 가진 거침없는 자연을.

'가슴으로 시읽기' 안내:

이 시를 천천히 읽어보세요. 소리 내어 읽거나 마음속으로 읽습니다. 시의 언어가 당신의 감각과 생각을 어떻게 깨우는지 느껴봅니다.

[1단계: 경험하기-시와 나의 첫만남]

- 첫 울림: 시 전체를 소리 내어 읽거나 마음속으로 느껴봅니다. 어떤 구절, 단어, 혹은 이미지가 가장 먼저 다가왔는지 알아차립니다.
- 경험과 연결하기: 그 구절이 왜 특별하게 느껴졌는지 자신에게 물어봅니다.
- 감정 알아차리기: 구절과 함께 떠오른 감정이나 신체 감각을 알아차립니다.
- 천천히 그 감정을 누리면서 그 감정을 겪도록 한 사건을 돌아봅니다.
- 감정에 이름 붙이기: 자신이 느끼는 가장 강력한 감정에 이름표를 붙입니다.
- 내려놓기: 이제 감정과 기억을 책 페이지 넘기듯 내려놓습니다. 혹은 한 호흡 내쉬면서 내어 보냅니다.

[2단계: 탐색하기-시속 이정표 따라가기]

- 이제 시를 다시 읽어보세요. 처음과 다르게 느껴지는 부분이 있나요?

- 시 전체의 구절들이 '나'라는 존재를 어떤 방식으로 긍정하고 받아들이라고 말하는지 생각해봅니다. 자신을 찬양하고 노래하는 것이 어떤 의미일까요?

- '내가 가정하는 것은 너도 가정하리니, 나에게 속한 모든 원자가 너에게도 속해 있으니'라는 구절은 어떤 이미지를 떠오르게 하나요? 나와 타인, 그리고 세상과의 연결성을 어떻게 이해할 수 있을까요?

- 다음에 오는 구절은 비교적 깁니다. "내 혀와 내 피의 모든 원자가 이 흙, 이 공기에서 생겨났고, 여기서 태어난 부모에게서 태어났고, 그 부모는 똑같이 그 부모의 부모에게서 태어났네."는 내가 지닌 이 모든 원자가 부모로부터 물려받았고, 결국 인간의 조상은 흙과 공기에서 태어난 원자를 가지고 있다는 의미입니다. 앞에 언급한 타인과 내가 동일하다는 구절과 연결선상에 있지요. 결과적으로 이 구절은 어떤 것을 말하고 있는지 헤아려 봅니다.

- 이제 화자는 자신에 관한 이야기를 끝냈습니다. 시 전체를 천천히 읽고 난 후 어떤 느낌이 들었는지 알아차려 봅니다.

[3단계: 통합하기-자신의 언어로 표현하기]

나 자신을 찬양하기란 쉽지 않습니다. 나 자신을 노래하기란 역시 쉽지 않습니다. 첫구절부터 대담하게 자신을 찬양하는 노래는 아마도 이 노래가 유일하지 않을까요. 그러나 그 뒤로 가면 고개가 끄덕여집니다. 그것은 나에게 속한 원자가 당신에게도 똑같이 속하기 때문이라고하기 때문이지요.

'나는 나고 너는 너다'라는 구별 의식에 의하면 이러한 이해는 쉽지 않습니다. 지금은 아득히 먼 이야기처럼 느껴지지만 미국문학사를 가르칠 때의 이야기입니다. 휘트먼은 영문학사, 특히 미국문학사에서 중요한 인물입니다. 그에게는 혁명적이라는 수사가 붙습니다. 최초로 자유시를 썼을 뿐 아니라 한 개인으로서 자신을 찬양했기 때문입니다. 이 시를 조별 과제로 주었습니다. 이 시를 맡은 학생들이 활짝 웃으며 자료를 가져왔습니다. 그들은 발표하면서도 연방 싱글벙글이었지요. 당시에는 그저 학생들이 환하고 예쁘다고만 느꼈지요.

이 글을 쓰면서 돌이켜보니 학생들은 저보다 훨씬 나았습니다. 저는 가르쳐야 할 시로 보고 분석했는데 학생들은 준비하는 동안 저보다 한결 더 깊이 들어갔던 것입니다. 그들은 시를 만났을 뿐 아니라 시인을 만났고, 시를 자신의 것으로 삼았던 모양입니다. 그들에게 이 시는 자신을 수용하고 일상에 적용하는 형태로 나타났던 게지요. 비록 그 효과가 일시적이었을지라도.

어떤 글을 만나는가가 때로 한 사람의 일생을 바꿉니다. 되풀이 읽는다면, 간직하면 그 글은 내 안으로 파고듭니다. 머리에서 가슴으로 내려오는 것이지요. 평생을 간다면 발까지 내려옵니다. 발까지 내려온다는 것은 그 글에 있는 바를 실천한다는 의미지요. 우리가 흔히 믿음이라고 이야기하는 것은 그 글이 있는 바를 실천하기 때문입니다. 믿음은 내 삶을 바꾸어놓기 때문입니다. 그렇기에 믿음은 진리여야 하겠지요. 무수히 글을 읽고 그 배운 바를 말로 하고 한편으로 글로 써낸 결과 그 믿음이 체화되었을 겁니다. 글을 만나는 것도 인연인 듯 합니다. 돌아보면 제가 필요하다고 느꼈을 때 그 글이 다가왔습니다. 저의 경우에 그러합니다. 마치 빛처럼 들어와 제 체험을 안고 나가는 것이지요.

그러므로 나 자신을 찬양한다는 것은 곧 나의 삶에 대한 인정이 아닐런지요. 나의 삶이 아무리 초라하다고 해도 인정함으로써 스스로 빛나는 그 일이 바로 타인에게도 빛이 되어주지 않을까요.

이제 당신의 차례입니다. 당신만의 어휘나 그림으로 표현해보세요.

2부를 마치며

지금까지 아홉 개의 장을 통해, 익숙한 시인들의 목소리를 따라 마음속 다양한 풍경을 여행했습니다. 때로는 김영랑의 시처럼 평온한 봄길을 걸었고, 때로는 한용운의 시처럼 절절한 이별의 고통과 마주했습니다. 푸시킨의 시에서 위로를 얻고, 휘트먼의 시에서 나 자신을 찬양할 용기를 얻기도 했습니다.

이 모든 여정을 거치면서 시명상의 3단계를 반복해서 실천했습니다. 시어 하나에 마음이 흔들리는 것을 경험하고(1단계), 그 시 전체가 가진 더 깊은 의미를 탐색했으며(2단계), 마침내 그 경험과 깨달음을 나의 언어로 통합했습니다(3단계).

이 과정을 거치면서 당신은 중요한 변화 하나를 알아차렸을지도 모릅니다. 시를 읽기 전에는 없었던 감정이 생겨나기도 하고, 시를 읽고 난 다음에는 그 감정을 새로운 눈으로 바라보게 되기도 했습니다. 때로는 감정이 변하기도 했고, 때로는 변하지 않는 감정을 그저 가만히 지켜보기도 했습니다.

바로 이것이 시명상이 주는 가장 큰 선물입니다. 우리는 이제 압니다. 감정이 그저 저절로 생겨나는 통제 불가능한 파도가 아니라는 것을. 감정은 나의 생각, 나의 관점, 그리고 내가 만나는 '시'라는 새로운 조건에 따라 끊임없이 '만들어지는' 현상임을, 지난 아홉 번의 여정을 통해 온몸으로 체득했습니다.

이것은 단순한 지식이 아닌, '통찰'입니다. 그리고 감정의 주인이 되는 길의 시작이자, 시명상의 아주 중요한 목적이기도 합니다. 그저 마음챙김이 아닌 가슴챙김이 함께 하는 사띠에 도달하는 방법이지요. '감정은 조건에 따라 만들어진다'는 이 깨달음이 왜 중요할까요? 그것은 바로 우리가 '감정의 주인'이 될 수 있는 가능성을 열어주기 때문입니다.

감정의 주인이 된다는 것은, 더 이상 감정이라는 성난 파도에 속수무책으로 '휘둘리지 않는다'는 의미입니다. 파도가 일어나는 원리 (조건)를 알면, 두려워하는 대신 서핑을 즐길 수 있습니다. 갑작스러운 슬픔이 밀려와도 "아, 이런 조건 때문에 슬픔이라는 손님이 찾아왔구나"라고 알아차리고, 걷잡을 수 없는 분노가 치밀어도 "이 감정 또한 영원하지 않다"는 것을 알기에, 우리는 감정의 노예가 아닌, 그것을 존중하고 흘려보낼 수 있는 주인이 될 수 있습니다.

그러나 이 소중한 통찰이 그저 시를 읽는 순간에만 머무른다면,

모든 명상의 궁극적인 목적인 '일상에서의 평화'에는 도달할 수 없습니다. 시 속에서 잠시 경험한 평온함이, 책을 덮는 순간 다시 일상의 파도에 휩쓸려 사라진다면 무슨 소용이 있겠습니까?

이어 이 나침반을 들고, 실제로 시명상을 누린 사람들을 불러와 봅니다.

3부

삶으로 스며드는 시 명상

16장

변하는 사람들

이제 시를 통해 내면의 목소리에 귀 기울이고, 삶의 깊은 의미를 발견하며, 고요하고 평온한 마음 상태에 이르는 방법을 알게 되었습니다. 시명상이 선사하는 이 지혜가 어떤 변화를 가져왔는지 실제 사례를 몇 가지 가져왔습니다.

'타인의 탓'에서 '나의 진실'로 - 핵심 믿음의 전환

다년간 시명상 모임에 꾸준히 참여해온 60대 여성 은주씨는 이른 나이에 결혼하여 복잡한 시댁 관계 속에서 살아왔습니다. 그녀는 특히 경제적으로 가족에게 큰 영향력을 행사했던 시아버님에 대한 원망을 갖고 있었습니다. "시아버님이 돈으로 자식들을 휘두른다"는 이야기를 반복적으로 토로했습니다. 이는 단순한 험담을 넘어, 자신을 '권위적인 시아버지 밑에서 희생하는 피해자'로 규정하는, 삶을 지배하는 고착된 서사였습니다.

끊임없는 그녀의 이야기는 표면적으로는 타인에 대한 비난이었지만, 심층적으로는 자신의 삶에 대한 깊은 무력감과 분노를 해소하려는 시도였습니다. 그러나 이 방식은 그녀를 같은 생각의 궤도에 맴돌게 할 뿐, 근본적인 변화를 가져오지는 못했습니다.

은주씨는 오래도록 저와 대화를 거쳤고, 시명상 글을 하나도 빼놓지 않고 되풀이해 읽었습니다. 그녀에게 대화와 글 읽기 과정은 '준비 과정'이었던 것입니다. 시는 은주씨가 자신의 오랜 분노, 서러움, 열등감과 같은 날카로운 감정들을 직접적으로 마주하지 않고, 안전하게 탐색하도록 해주었습니다. 그녀는 시를 읽으며 떠오르는 감정에 이름을 붙이는 연습을 통해, 자신의 감정을 한 걸음 떨어져 바라보는 훈련을 시작했습니다.

다양한 시 속 화자들의 상황에 자신을 비추어보면서, 그녀는 자신만의 고통스러운 서사에서 조금씩 벗어나 다른 관점이 존재할 수 있음을 무의식적으로 느끼기 시작했습니다. 시명상은 단단했던 그녀의 방어기제를 부드럽게 만들고, 새로운 통찰이 들어올 수 있는 심리적 공간을 마련해주었습니다.

어느 날 여전히 지배 서사를 되풀이하는 은주씨에게 물었습니다. "시아버님이 돈으로 은주씨를 휘두른 것이 아니라, 어쩌면 은주씨 스스로가 시아버님께 의지하고 있었던 것은 아닐까요? 은주씨 자신이 지닌 열등의식이 그렇게 보게 만든 것은 아니었을까요?"

이 물음은 은주씨에게 큰 충격을 주었습니다. 그녀는 한동안 말을 잇지 못했습니다. 크게 뜬 눈과 굳어진 표정에서 그녀의 경악이 고스란히 전해져 왔습니다. 전형적인 인지적 재평가가 일어난 순간이었습니다.

은주씨의 끊임없는 '불평'은 사실 "나는 배우지 못해 열등하다"는 핵심 믿음을 마주하는 고통을 피하기 위한 방어기제였습니다. 타인을 탓하는 것이 자신의 열등감을 직면하는 것보다 심리적으로 쉬웠기 때문입니다.

시명상은 직접적인 해결책이 아니라, 결정적 통찰을 위한 '촉매제' 역할을 했습니다. 만약 시명상을 통해 은주씨의 마음이 충분히 수용적이 되지 않았다면, 저의 직설적인 재평가는 큰 저항에 부딪혔을 것입니다. 시는 그녀가 고통스러운 진실을 수용할 수 있도록 마음의 밭을 갈아준 셈입니다.

'메마른 인식'에서 '풍요로운 경험'으로
– 인지 능력과 감정 문해력의 성장

지민씨는 초기, 시에 대한 자신의 느낌을 표현하는 데 어려움을 보였습니다. 그녀는 시를 이해하는 일도 어려워했습니다. 단어 그대로 접근했고, "두 번째 구절이 좋네요."라거나 시의 내용을 요약하는 수준에 머물렀습니다. 시의 언어가 불러일으키는 내면의 감정적 울림, 즉 펠트 센스와 단절된 상태였던 것입니다.

여러 번, 지민씨는 "무엇을 느껴야 하는지 모르겠다"고 고백했습니다. 어느 시는 그녀에게 고통이었을 겁니다. 그녀의 표현은 감정 자체를 느끼지 못하는 '감정표현불능증'과 유사한 상태를 시사합니다. 그녀에게 감정은 다루기 어렵거나 낯선 미지의 영역이었을 것입니다.

그러나 지민씨는 무엇보다 꾸준했습니다. 그녀의 변화는 극적이기보다는 점진적이었습니다. 그녀의 내면에 미세한 변화가 일어나기 시작했던 것입니다. 처음에는 감정을 직접 느끼기보다, 다른 참가자들의 나눔을 통해 "아, 이 구절을 저렇게 느낄 수도 있구나."라며 감정에 대한 개념적 이해를 시작했습니다. 이는 닫혀 있던 감정의 문을 여는 첫 단계였습니다.

루미의 「여인숙」은 그녀에게 중요한 전환점이 되었습니다. 그녀는 '감정'을 '손님'으로 비유한 시의 은유를 통해 자신의 내면 경험을 안전하게 탐색할 수 있었습니다. 그녀는 "좋은 감정만 받아들이고 안 좋은 감정은 억누르고 싶어 했는데, 여기서는 그 모든 감정을 손님처럼 기꺼이 맞아들이라는…… 다 같이 존중하라는 뜻이 깊은 것 같아요."라고 표현했습니다.

이 말은 그녀가 자신의 감정 억압 패턴을 처음으로 인식하고, 감정을 '좋고 나쁨'으로 판단하는 대신 '수용'해야 할 대상으로 재평가하기 시작했음을 보여줍니다. 지민씨는 타인의 사진을 보고 자신의 느낌을 표현하기 시작했고 직접 사진을 찍어 올리기도 했습니다. 최근 메시지는 그녀의 성장을 증명합니다.

"선물 같은 하루가 시작되었고, 그 속에서 살아있음의 기적을 느껴봅니다. 그리고 기적 같은 무엇인가를 해봐야겠다는 의욕이 일어납니다."

이 메시지는 다음과 같은 심층적인 변화를 보여줍니다.

우선 감정 어휘가 풍부해졌습니다. '선물', '기적', '의욕' 등 긍정적이고 풍부한 감정 어휘를 자발적으로 사용하기 시작했습니다. 이는 그녀의 감정 과립성이 향상되었음을 의미합니다. 한편으로 인지적인 발전이 상당히 일어났음도 보여줍니다.

선물 같은 하루가 시작되었다는 표현은 단순히 '하루가 시작되었다'는 사실을 넘어, 그것을 '선물'과 '기적'으로 인식하고 있습니다. 이는 세상을 수동적으로 받아들이는 것을 넘어, 의미를 적극적으로 부여하고 해석하는 능동적인 인식의 틀을 갖게 되었음을 보여줍니다.

가장 중요한 변화는 '의욕'의 발현입니다. 내면의 긍정적 에너지가 활성화되면서, 이제 그녀는 세상을 관찰하는 것을 넘어 세상 속에서 무언가를 창조하고 행동하려는 주체로 서게 된 것입니다. 그녀는 이제 아이들에게 어떻게 하면 시명상을 전달할까 하고 고민하고 있습니다.

지민씨 사례는 시명상이 단지 감정을 치유하는 것을 넘어, 한 개인의 인식 체계와 삶의 태도 전반을 어떻게 재구성하는지를 보여줍니다.

'자기 서사의 독백'에서 '경청하는 대화'로
– 관계적 성찰과 자기 조절 능력의 회복

영희씨는 살아온 햇수만큼이나 경험도 많아, 이야기를 길게 풀어내는 경향이 있었습니다. 시를 읽고 난 후 나눔 시간은 그녀의 개인적인 경험을 풀어내는 무대가 되었습니다. 명랑하고 밝은 그녀는 나누기를 즐겨 했고 일단 이야기를 시작하면, 나눔의 초점은 시에서 벗어나 그녀 자신의 서사로 옮겨갔습니다.

그녀는 가족, 일터, 그리고 자신이 해낸 일을 이야기하기 좋아했습니다. 때로는 사기 자랑으로 늘렸고 때로는 후회처럼 들렸습니다. 평생에 걸쳐 내면화된 과도한 책임감과 통제 욕구가 언어로 표출된 것이었습니다. 그녀는 자신의 행동이 '잘못되었다'고 느끼면서도, 멈추는 방법을 알지 못했습니다. 이야기를 쏟아내는 데 집중한 나머지, 다른 사람들의 시간과 공간, 그리고 경청의 에너지를 인식하지 못하는 상태였던 것입니다. 살짝 언질을 주어도 소용이 없었습니다. 그녀가 지나치게 꼼꼼하다고 길게 자책하던 어느 순간, "책임감" 때문이라는 피드백을 주었습니다. 그녀가 자신의 행동 패턴을 방어적으로 합리화하지 않고 안전하게 성찰할 수 있는 기회를 제공한 것입니다.

이후, 영희씨는 자신의 발언을 조절하기 시작했습니다. "아. 내가 또 너무 길게 말하고 있네"라는 말로 자각을 드러냈습니다. 그녀 스스로 자신의 패턴을 인식하고 조절하기 시작했다는 의미입니다. 시를 통해 다른 화자의 목소리, 다른 삶의 풍경을 마주하는 경험은 영희씨에게 미묘한 '거울' 역할을 했습니다. 시는 그녀에게 '나의 이야기'만이 세상의 전부가 아니며, 잠시 멈추어 다른 존재의 목소리에 귀 기울이는 경험이 중요함을 반복적으로 상기시켰습니다.

시명상 과정에서 '자신의 감정과 생각을 한 걸음 떨어져 바라보는 연습(탈중심화)'이 반복되면서, 영희씨의 내면에는 자신의 말과 행동을 관찰하는 '내면의 관찰자'가 성장하기 시작했던 것입니다. 마지막에는 다른 참가자들과 거의 비슷한 수준으로 간결하고 핵심적인 나눔을 할 수 있게 되었습니다.

이는 자신의 충동적인 언어 패턴을 인식하고 의식적으로 통제하는 자기 조절 능력이 향상되었음을 의미합니다. 자기중심성에서 벗어나 타인의 존재를 인식하고 존중하는 관계적 성장을 보여줍니다.

이 사례는 말이 너무 많거나 모임에서도 자기 이야기에만 몰두하는 내담자/참가자를 대하는 전문가들에게 중요한 통찰을 줍니다. 참가자의 긴 이야기는 단순한 '수다'가 아니라, 그의 핵심적인 심리적 이슈(책임감, 통제 욕구, 불안 등)가 드러나는 중요한 단서일 수 있습니다.

"말을 줄여달라"고 직접적으로 요청하는 대신, 시명상과 같은 구조화된 활동을 통해 참가자가 스스로 자신의 패턴을 자각하고 조절하도록 돕는 것이 훨씬 더 근본적이고 효과적인 접근법입니다.

시명상 그룹은 개인이 자신의 관계 패턴을 안전하게 실험하고, 타인과의 상호작용 속에서 자연스럽게 사회적 기술과 균형 감각을 회복하는 훌륭한 치유의 장이 될 수 있습니다.

사회적 불안의 극복과 자기 개방

예현씨는 모임 초기에 나타나지 않았습니다. 그러나 꼬박꼬박 메시지를 보내 사정을 알렸습니다. 이미 저와 시명상을 한 경험이 있었기에 가능한 일이었습니다. 후기에 접어들자 그녀는 모습을 나타내기 시작했습니다. 그리고는 마지막에 "사람들 얼굴을 대하기가 힘들어서 모임을 피했다"고 고백했습니다.

타인의 시선과 평가에 대한 두려움, '사회적 불안'이 그녀의 핵심 문제였던 것입니다. 다른 사람과의 만남은 안전하고 편안한 경험이 아니라, 잠재적인 위협과 평가의 장이었을 것입니다. 그녀의 주된 방어기제는 그 위협적인 상황 자체를 피하는 '회피'였습니다.

예현씨의 변화는 시명상 그룹이 '안전한 점진적 노출'의 공간을 제공했기에 가능했습니다.

초기 단계에서 시는 예현씨에게 '안전한 방패' 역할을 했습니다. 그녀는 자신의 이야기를 직접 하는 대신, 시를 읽거나 다른 사람의 시에 대한 감상을 듣는 것만으로도 모임에 참여할 수 있었습니다. 이는 사회적 상황에 직접적으로 뛰어들지 않고도, 안전한 거리에서 관계의 온기를 느낄 수 있는 중요한 첫걸음이었습니다.

예현씨에게 시명상 모임의 핵심 원칙인 '판단하지 않고 수용하기'는 자신을 평가하거나 비난하지 않는 안전한 공간이라는 믿음을 주었을 것입니다. 다른 참가자들이 자신의 감정과 경험을 매번 글로 나누는 것을 읽으면서, 그녀는 '내 이야기를 해도 괜찮을 것 같다'는 생각을 점차 하게 되었을 것입니다.

따라서 그녀는, 점차 시에 대한 짧은 단상이나 느낌을 나누기 시작했습니다. 시에 대한 이야기를 하는 것은 자신의 깊은 내면을 드러내는 것보다 훨씬 안전하게 느껴졌을 것입니다. 이 과정을 통해 그녀는 그룹 안에서 자신의 목소리를 내는 연습을 하고, 그 목소리가 다른 사람들에게 수용되는 긍정적인 경험을 축적하게 되었습니다.

가장 놀라운 변화는 마지막에 일어났습니다. 그토록 자신을 숨기던 그녀가, 나중에는 무려 30여 분 동안 자신의 이야기를 거리낌 없이 하게 된 것입니다.

이는 그녀가 더 이상 타인의 시선을 위협으로 느끼지 않고, 자신의 연약함을 드러낼 용기를 얻었음을 의미합니다. 그녀는 자신의 어려움을 솔직하게 고백함으로써, 유대감을 형성할 수 있었습니다.

30분이라는 시간은, 그동안 억눌려왔던 그녀의 존재감과 표현 욕구가 얼마나 컸는지를 상징적으로 보여줍니다. 그녀는 더 이상 숨는 존재가 아니라, 당당하게 자신의 공간과 시간을 차지하고 목소리를 내는 주체적인 존재로 변화한 것입니다.

'개인의 울림'을 넘어 '집단적 공명'으로
– 그룹의 치유적 힘

시명상을 할 때마다 "시는 어렵다"는 선입견을 만납니다. 저도 그러했습니다. 시를 전공하라는 권유를 받았을 때 어렵다는 이유로 회피했고, 막상 공부할 때도 매우 어려웠으니까요. 하지만 이제는 압니다. 시는 결코 어려운 것이 아니라, 그저 천천히 내 안에서 울림이 일어나기를 기다려주는 과정이 필요하다는 것을요. 특히 강의실에서 여럿이 함께 읽을 때, 그 울림은 서로에게 전해져 공명을 일으키곤 합니다. 아마 이 일이 있던 날 함께 했던 시 낭송 전문가가 놀라움을 표시한 것도 바로 공명 때문이었을 겁니다.

그날 강의실에는 삼십여 명의 참가자가 함께 했습니다. 여느 때처럼, 저는 단 하나의 원칙, 즉 '천천히 읽기'를 제안했습니다. '천천히 읽기'는 읽는 이와 듣는 이가 시어에 깊숙하게 몰입하도록 해줍니다. 의미를 찾아내도록 하는 것이지요.

40대 여성 한 명과 60대 여성 두 명, 세 명의 다른 여성이 각기 다른 어조와 느낌으로 같은 시를 낭송했습니다. 감정의 결도 달랐고 해석도 달랐으므로 시가 한결 더 풍부해진 것입니다. 참가자들은 눈으로 시를 따라 읽고, 동시에 귀로는 다른 사람의 목소리를 들었습니다. 다중 감각을 사용하면 뇌 기능 또한 활발해져 시의 의미는 한결 더 뚜렷해집니다.

그날 읽은 시는 소설가로 더 잘 알려진 한강의 「괜찮아」였습니다. 젊은 엄마가 태어난 지 두 달 된 아기가 울음을 그치지 않아 지쳐버린 나머지 함께 울었다는 것이지요. 어느 날 문득 화자는 아기에게 '괜찮아'라고 말해보았고 아기도 자신도 괜찮아졌다는 내용은 특히 육아 경험이 있는 참가자들에게 깊은 공감을 불러일으켰습니다.

시를 듣던 한 참가자가 문득 흐느끼기 시작했습니다. 그녀의 눈물은 시 속 화자의 고통이 바로 자신의 과거 혹은 현재의 고통임을 온몸으로 깨닫는 순간이었습니다. 시 속 화자의 경험이 곧 참가자 개인의 경험을 되살리는 강력한 '방아쇠'가 된 것으로, 억눌려 있던 감정이 시라는 매개체를 통해 비로소 터져 나온 것입니다.

그녀의 흐느낌이 이어지자, 저는 조용히 다가가 어깨에 손을 올려놓았습니다. 그 순간, 강의실의 모든 참가자는 한마음이 되었습니다. 아마 그들도 모두 '괜찮아' 하고 말하고 싶었을 겁니다. 이것이 바로 집단적 공명입니다. 다른 참가자들은 그녀의 눈물이 단지 개인의 것이 아니라, '엄마'라는 이름으로, 혹은 '한 인간'으로서 겪었던 우리 모두의 슬픔과 연결되어 있음을 직감적으로 느꼈습니다. 말없이 함께 존재하는 분위기 자체가 가장 강력한 비언어적 위로와 지지가 되었습니다.

집단이 함께 읽을 때는 분위기 자체만으로도 어떤 시를 읽고 있는지 알 수 있을 정도입니다. 즉 좋은 시는 집단 구성원들의 억압된 감정을 안전하게 수면 위로 끌어올리는 강력한 촉매제 역할을 합니다. 특히 개인적 경험을 직접 이야기하기 어려운 초기 단계에서 매우 효과적입니다.

진행자의 역할은 해석을 제공하는 것이 아니라, '천천히 읽기'와 같은 단순한 규칙으로 참가자들이 직접 느끼고 공명할 수 있는 안전하고 집중된 공간을 조성하는 일입니다. 참가자가 격한 감정을 드러냈을 때, 비난이나 분석 없이 그저 함께 있어 주는 태도와 비언어적 지지가 무엇보다 중요합니다.

시명상 그룹에서는 한 개인의 눈물이 다른 구성원들의 공감을 자아내고, 그 공감이 다시 눈물 흘리는 개인에게 위로가 되는 치유의 선순환이 일어납니다. '나만의 고통'이 '우리 모두의 경험'으로 확장되는 순간, 진정한 치유가 시작됩니다. 이 사례는 시명상이 개인의 내면을 탐색하는 도구를 넘어, 사람과 사람을 연결하고, 집단 전체의 치유적 에너지를 끌어내는 강력한 공동체의 경험이 될 수 있음을 보여줍니다.

물론 모든 사례가 성공적이었던 것은 아닙니다. 처음부터 끝까지 자신의 경우에 몰입하다가 변화의 길목을 놓쳐버린 경우도 있었습니다. 주안씨는 명상전문가였습니다. 시명상에 참가할 때마다 자신의 작업과 비교하곤 했다고 고백했습니다. 그녀는 독특한 울림을 시를 읽고 느낌을 나누는 부분에서는 자신이 아닌 주위의 다른 사람을 대입했습니다. 시를 내면 탐색의 도구로 삼는 것이 아니라 다른 사람에게 적용하는 방편으로 보았던 것입니다.

숙희씨도 마찬가지였습니다. 한 단체의 대표인 숙희씨는 놀라운 열정을 지닌 사람으로, 여러 일과 사람을 아우르는 마음 씀씀이에 감탄하지 않을 수 없었습니다. 그러나 그녀는 도무지 집중하지 못했습니다. 아마도 바쁜 일과 때문이었을 겁니다. 그녀의 이해는 표피적인 것에 머물렀고 때로 엉뚱한 소리를 하기도 했습니다. 이런 사례들은 선입견을 내려놓고 시 속으로 온전히 몰입한다는 것이 얼마나 어려운 동시에 중요한 일인지를 다시금 깨닫게 합니다.

역설적으로 본다면, 진지한 마음으로 시를 대하면 얼마나 큰 변화를 가져올 수 있는지 보여주는 일이기도 합니다. 작은 변화가 쌓여 큰 변화가 되는 법입니다. 지향점을 가진 이의 발전 가능성을 보여주는 일이기도 하지요.

그렇다면 어떻게 해서 이런 놀라운 변화가 일어났을까요? 지금까지 다양한 이론과 사례를 통해 시명상이 감정과 인지, 관계에 미치는 영향을 살펴보았습니다. 이 모든 변화의 기저에는 '신경 가소성(Neuroplasticity)'이라는 뇌의 놀라운 능력이 자리하고 있습니다.

시를 통해서 우리는 일상에서 사용하는 단어가 표피적 의미만을 가진 것이 아니라는 것을 알아차렸습니다. 한편으로 시를 읽고 난 후 미묘한 감정에 이름을 붙이는 작업을 하고, 새로운 관점을 얻으며, 경험을 글로 표현했습니다. 이와 같은 시명상의 모든 과정은 단순히 심리적인 변화에 그치지 않습니다. 이는 우리 뇌의 뉴런 간의 연결, 즉 시냅스를 강화하고 새로운 신경 회로를 만들어내는 물리적인 작업입니다. 지금까지의 사례는 경험과 훈련이 뇌를 어떻게 재구성하는지를 명확히 보여줍니다.

특히 시명상의 마지막 단계인 '자기 언어로 표현하기'는 이러한 신경 가소성을 극대화하는 강력한 실천방법입니다. 혼란스러운 감정과 흩어진 통찰을 하나의 일관된 서사로 엮어내는 과정은, 뇌의 여러 영역을 통합하고 새로운 의미의 신경망을 굳건하게 다지는 것과 같습니다.

줄여 말하면, 시명상은 단순한 위로를 넘어, 경험을 통해 우리의 뇌를 다시 디자인하는 작업입니다. '가슴으로' 시를 읽고 삶을 살아내는 매 순간이, 뇌의 신경 회로를 물리적으로 재구성하는 '신경 가소성'의 과정 그 자체이기 때문입니다. 시명상은 결국, 매일의 경험을 통해 우리의 뇌와 마음을, 그리고 마침내 삶 전체를, 스스로 디자인해나가는 창조적인 과정입니다.

마무리 글

삶이라는 시를 쓰는 당신에게

돌아보면 수많은 감정이 나의 삶을 지배해왔습니다. 그러나 감정을 억누르는데 익숙했던 저는 정작 감정이 올라올 때 제대로 느끼지 못했고, 그렇기에 제대로 표현하지도 못했습니다. 그 서툰 불균형은 삶의 숙제를 만들었고 오늘날에도 여전히 의미를 찾아 헤매는 원인이 되었습니다.

다행히 시가 있었습니다. 물론 시뿐만 아닙니다. 소설도 그림도 음악도 있었습니다. 더 나아가 그림책, 동화, 그리고 에세이도 있습니다. 그럼에도 과감하게 시라고 말하는 것은 짧은 내용 속에 수많은 것을 담고 있고, 나의 경험대로 받아들이기 좋았기 때문입니다. 즉 시는 나만의 감정을 충분히 겪도록 해주었습니다.

언어 자체에는 울림이 없습니다. 울림은 시인이 삶에서 얻은 영감을 넣었기 때문에 생겨난 것이지요. 그렇기에 시어를 따라가던 어느 순간, 의식과 무의식에서 그 영감을 만났기에 그러했다는 사실을 깨달았습니다. 그 깨달음의 순간은 하나의 완전한 멈춤이었습니다.

생각이 멈추고, 해석이 멈추고, 오직 순수한 만남만이 존재하는 순간 말입니다. 시가 때로 시인의 의도 이상을 보여주었던 것은 그 시어들이 생성된 맥락을 읽어냈기 때문이기도 했습니다.

시인이 어떤 영감을 받았을 때, 그리고 읽는 내가 감정과 생각을 내려놓고, 시로부터 전달받는 바는 깨달음이기도 했고 이완이기도 했으며 때로 지극한 통찰이기도 했습니다. 그것을 영성이라고 불러도 좋을 것이고 뮤즈의 언어라고 불러도 좋을 것입니다. 동양이건 서양이건 인간의 삶에는 보편적 속성이 분명 존재하니까요. 그것은 우주의 작용이라고 해도 좋고, 신의 섭리라고도 부를 수 있는 것이었습니다. 혹은 나로부디 벗이닌 틸중심화라고 불러도 좋을 것입니다.

그것이 제가 만난 「노수부의 노래」가 품고 있는 것이었습니다. 어디 노수부의 노래뿐이었을까요. 모든 시가 품고 있는 것이었습니다. 그것들은 시인이라는 개인을 통해 표현된 존재의 진리였습니다. 삶의 한 모습이었고 그 삶의 조각들이었습니다. 한편으로 이 삶을 벗어난 다른 세계의 모습이기도 했습니다. 저 역시 저만의 '낯선 세계'를 만난 순간들을 잊지 못합니다. 어느 날, 명상하느라 책상 앞에 머물렀을 뿐인데, 정신을 차려보니 창밖에는 새벽빛이 스며들고 있었습니다.

또 어느 저녁에는, 깊은 묵상 속에서 생명나무가 자라는 강가에 이르렀습니다. 그 맑은 초록 강물을 한없이 내려가 이윽고 밑바닥에 이르렀지만, 전혀 숨이 차지 않았습니다. 또 다른 명상의 순간에는 엄청나게 크고 아득한 공간에서 수많은 부처님을 만났고, 저 자신이 눈부신 흰 부처님이 되어 날기도 했습니다. 물론 이것은 하나의 체험에 지나지 않습니다. 그러나 이것이 과연 현실과 동떨어진 상상속 체험이기만 할까요? 어쩌면 이것이야말로, 우리가 시명상의 문을 통해 잠시 엿본 존재의 진짜 모습, 경계가 사라진 우리 삶의 또 다른 일부가 아닐는지요.

시라는 거울 앞에 서서, 애써 외면했던 자신의 모습을, 때로는 아프게, 때로는 따스하게 들여다보는 시간을 가졌습니다. 그리고 마침내, 이 모든 여정의 중심에 '감정은 조건에 따라 만들어진다'는, 우리를 삶의 주인으로 바로 세우는 깨달음이 있음을 알게 되었습니다. 감정뿐일까요. 거기에는 감각이 있고 깨달음이 있으며 철학이 있습니다. 존재의 진실이 있습니다.

그렇기에 진정한 '시명상'은 시 속에만 머무르지 않습니다. 아침 햇살 한 줄기에, 분주한 길 위의 소음에, 사랑하는 사람의 눈빛에, 그리고 나를 힘들게 하는 그 마음의 소란스러움에, 살아있는 모든 순간에 '시'를 발견할 수 있습니다.

이것이 바로 멈춤과 깨어있음의 미학입니다. 우리는 일상의 흐름 속에서 잠시 멈추어 서서, 그 순간 속에 숨겨진 시적 진실을 발견합니다. 그리고 그 발견의 순간마다 우리는 조금씩 더 깨어있는 존재가 되어갑니다. 시인들은 일상에서는 물론, 감옥에서 시를 썼고 고통의 순간에 시를 썼습니다. 그들은 극한의 상황에서도 멈춤과 깨어있음을 잃지 않았습니다. 모든 순간이 우리에게 말을 걸어오는, 살아있는 시가 될 수 있음을 이제 압니다. 즉 우리 안의 혼돈은 더 이상 피해야 할 어둠이 아니라, 진정한 나다움이 탄생하는 플랫폼입니다.

수많은 가치관 속에서 길을 잃을 때, 가슴의 나침반이 가리키는 방향을 믿는다면, 삶이 때로는 비극처럼 혹은 희극처럼 느껴질지라도, 그 모든 순간을 나선형을 그리며 나아가는 '끊임없는 진전'의 한 페이지로 너그럽게 받아들인다면, 그리하여 때로는 기쁨의 운율로, 때로는 슬픔의 은유로 가득할 하루하루를 '가슴으로 읽는' 시인이 된다면, 그 모든 경험의 행간에 숨겨진 의미를 발견하고, 그 울림을 나만의 언어로 기록해 나간다면, 그렇게 삶 자체가, 세상에서 가장 아름답고 진실한 한 편의 시가 될 때, 비로소 '나를 초월하는 나'와 만나게 되지 않을까요.

그것은 시간을 초월한 만남이고, 공간을 초월한 만남이며, 무엇보다 일상적 자아를 초월한 만남일 겁니다. 바로 그 순간, 시인이 경험했던 그 신성한 멈춤과 깨어있음 속에서, 존재의 가장 깊은 진실과 마주하게 될 겁니다. 이것이 시명상이 선사하는 선물입니다. 단순히 시를 읽는 것이 아니라, 시를 통해 삶을 새롭게 보는 눈을 갖는 것, 그리고 그 눈으로 매 순간을 시적으로 살아가는 것입니다. 그것이 시명상의 완성입니다.

여기에서 '가슴으로 시 읽기' 여정은 끝납니다. 그러나 시라는 매체를 통한 명상은 어디에서 가능합니다. 이제는 당신이 여정을 시작할 차례입니다. 당신의 삶이 바로 당신이라는 이름의, 세상에 단 한 편뿐인 시입니다. 기쁨의 순간은 눈부신 은유가 되고, 슬픔의 경험은 깊은 행간을 만들 것입니다. 당신만의 삶을 온전히 살아내는 일이 곧, 당신만의 시를 완성해나가는 위대한 여정입니다.

감사의 글

저는 번역학을 했고 영문학을 전공했습니다. 암을 앓고 난 삶의 후반기에는 통합심신치유학을 공부했습니다. 통합심신치유에서의 근간은 마음챙김입니다. 이처럼 서로 달라 보이는 세계를 넘나들면서 길어 올린 것이 바로 '시명상'입니다. 시와 명상, 분명 공통점이 보이는데 어디에도 이 용어가 없었던 것은 틀에 갇혀서였을 겁니다. 시는 때로 논리적 분석만으로는 다가갈 수 없는 깊은 차원, 즉 우리 존재의 근원과 만납니다. 우리가 시적 영감을 '뮤즈의 속삭임'이라 부르는 이유입니다. 일상의 표면 아래 숨 쉬고 있는 이 내면의 가장 깊은 곳과 연결되는 것, 이것이 바로 명상이 추구하는 중요한 길이기도 합니다. '우리의 일상이 시이고 명상'이라는 깨달음은 바로 이 지점에서 나왔습니다.

저를 오래 지켜봐 온 친구의 말처럼, 이 책에는 제가 평생 고민해 온 내용이 고스란히 담겨 있습니다. 지금까지 다양한 분야에서 수많은 분에게서 영감을 얻었습니다. 우선 '치유명상'이라는 새롭고 깊은 세계로 이끌어주신 윤종모 성공회 주교님이 계십니다. 그리고 제 글을 좋아해 주신 함영준 마음건강길 대표님, 가장 먼저 글을 읽고 놀라움을 표해주신 토목공학자이자 시인인 김재성 부이사장님, 천천히 글을 읽고 솔직 담백하게 추천사를 써주신 금강스님께 깊이 감사드립니다.

또한 저와 함께 시명상의 여정을 걸었던, 동료라고 불러야 마땅한 이들이 있습니다. 함께 시를 읽고 느낌을 나누어 주었던 참여자분들이 있습니다. 그들은 제게 각자의 삶으로 얻은 진정한 가르침을 나누어 주었습니다.

무엇보다도 그 오랜 세월 동안 제 곁에서 묵묵히 돌봐주고 지켜봐 준 저의 소중한 가족에게 고마움을 전합니다. 그들이 없었더라면 이 책은 나올 수 없었을 것입니다. 저를 아껴준 분들이 계시듯 저 또한 하나의 촛불이 되어 선한 영향력을 퍼뜨릴 수 있기를 바랍니다.

부록: 수록 시인

7장 선정 시인

김영랑(1903~1950): 한국 서정시의 순수성을 대표하는 시인으로, 아름다운 언어와 섬세한 감성으로 자연과 내면의 세계를 노래했습니다.

윌리엄 워즈워스(William Wordsworth, 1770~1850): 영국 낭만주의의 선구자로, 일상 속 자연과 평범한 경험에서 깊은 감동과 철학적인 통찰을 길어 올린 시인입니다.

8장 선정 시인

라이너 마리아 릴케(Rainer Maria Rilke, 1875-1926): 오스트리아의 시인이자 작가로, 독일 문학의 중요한 인물 중 하나입니다. 깊은 성찰과 섬세한 감수성으로 존재의 본질, 고독, 사랑, 죽음 등 인간 보편의 주제를 탐구했으며, 그의 시는 내면의 풍경과 사물의 신비로움을 탁월하게 묘사합니다.

윌리엄 블레이크(William Blake, 1757-1827): 영국의 시인이자 화가, 판화가입니다. 독창적인 세계관과 신비주의적 사상을 바탕으로 동시와 예언서 등 다양한 형식의 작품을 남겼습니다. 일상적이고 작은 존재 속에서 우주적인 진리와 영원성을 발견하는 통찰을 보여주는 시를 썼습니다.

9장 선정 시인

윤동주(尹東柱, 1917-1945): 한국의 대표적인 저항 시인이자 서정 시인입니다. 일제강점기라는 암울한 시대 속에서 고뇌하는 지식인의 자아를 성찰하고, 순수하고 아름다운 언어로 민족에 대한 사랑과 희망을 노래했습니다. 그의 시는 고뇌와 번민 속에서도 결코 포기하지 않는 순결한 양심과 시대에 대한 비판적 인식을 담고 있어 오늘날까지 많은 이들에게 깊은 감동을 줍니다.

로버트 프로스트(Robert Frost, 1874-1963): 20세기 미국 문학을 대표하는 시인 중 한 명입니다. 뉴잉글랜드의 농촌 풍경과 일상생활을 배경으로 인간의 본질적인 고뇌, 선택, 자연과의 관계 등을 깊이 있는 통찰로 그려냈습니다. 그의 시는 단순한 언어 속에 인생의 보편적인 진리를 담고 있어 많은 독자에게 사랑받고 있습니다.

10장 선정 시인

김억(金億, 1895-1950): 한국 근대시의 선구자이자 번역시인으로, '오뇌의 무도'와 같은 작품으로 유명합니다. 그는 한국 시에 현대적인 감수성과 자유로운 형식을 도입하는 데 큰 영향을 미쳤으며, 자연에 대한 깊은 이해와 인간의 내면을 섬세하게 표현하는 시 세계를 구축했습니다. 특히 그의 시들은 자연의 순환과 변화 속에서 인간이 느끼는 보편적인 정서를 아름다운 언어로 담아내고 있습니다.

알프레드 테니슨(Alfred, Lord Tennyson, 1809-1892): 빅토리아 시대를 대표하는 영국의 대시인이자 계관시인입니다. 그의 시는 유려한 언어와 깊은 서정성을 바탕으로 자연, 사랑, 상실, 신앙 등 다양한 주제를 다루며 당대 영국 사회의 정신적 지형을 형성하는 데 큰 영향을 미쳤습니다.

11장 선정 시인

김소월(金素月, 1902-1934): 한국의 대표적인 서정 시인입니다. 한국 전통의 가락과 정서를 바탕으로 사랑, 이별, 고향, 그리움 등 보편적인 주제를 노래했으며, 그의 시는 간결하고 애틋한 언어로 한국인의 정서를 깊이 표현하여 많은 사람에게 사랑받고 있습니다.

윌리엄 버틀러 예이츠(William Butler Yeats, 1865-1939): 아일랜드의 시인이자 극작가로 노벨 문학상 수상자입니다. 신화, 민담, 상징주의를 바탕으로 인간의 내면세계, 사랑, 역사, 민족의식 등을 탐구했으며, 시간과 관계의 변화 속에서도 변치 않는 가치를 노래했습니다.

12장 선정 시인

정지용(1902~1950): 한국 현대시의 선구자로, 감각적이고 섬세한 언어로 향토적 정서와 순수한 서정성을 노래한 시인입니다. 그의 시는 한국어의 아름다움을 극대화했다는 평가를 받습니다.

기욤 아폴리네르(Guillaume Apollinaire, 1880~1918): 프랑스의 시인이자 미술 비평가로, 큐비즘과 초현실주의 등 20세기 초반 전위 예술 운동에 큰 영향을 미쳤습니다. 그의 시는 전통적인 형식에 얽매이지 않고 자유로운 상상력과 감각적인 이미지를 통해 현대인의 감성을 표현했습니다.

13장 선정 시인

루미(Rumi, 1207-1273): 페르시아의 위대한 신비주의 시인이자 이슬람 학자로, 그의 본명은 잘랄루딘 무함마드 발흐입니다. 루미는 주로 사랑, 영혼, 신과의 합일, 그리고 인간 존재의 신비에 대해 노래했습니다. 그의 시는 깊은 영적 통찰과 보편적인 인간의 경험을 다루며, 전 세계적으로 많은 독자에게 사랑받고 있습니다. 그의 대표작인 '마스나비(Masnavi)'는 "페르시아어 코란"이라 불릴 정도로 높은 평가를 받으며, 그의 시들은 오늘날에도 음악과 춤, 명상 등 다양한 형태로 재해석되고 있습니다.

사라 티스데일(Sara Teasdale, 1884-1933): 미국의 서정 시인으로, 간결하고 음악적인 언어로 사랑, 아름다움, 자연, 슬픔 등 인간의 보편적인 감정을 노래했습니다. 특히 내면의 감정을 섬세하게 포착하고 표현하는 데 뛰어났습니다. 1918년 시집 *Love Songs*로 퓰리처상 시 부문을 수상했습니다.

14장 선정 시인

한용운(韓龍雲, 1879-1944): 한국 근대 문학을 대표하는 승려 시인이자 독립운동가입니다. '만해'라는 호로 더 잘 알려져 있으며, 그의 시는 불교 사상과 민족 의식이 결합된 독특한 세계를 보여줍니다. 식민지 현실 속에서 잃어버린 조국과 민족에 대한 사랑을 '님'이라는 상징적인 존재로 표현하며, 상실과 이별의 아픔 속에서도 재회에 대한 굳건한 희망과 초월적인 사랑을 노래했습니다.

존 던(John Donne, 1572-1631): 17세기 영국의 가장 위대한 형이상학파 시인이자 설교가로 평가받습니다. 젊은 시절에는 법률가이자 외교관으로 활동했으나, 후에 성공회 사제가 되어 당대 최고의 설교가로 명성을 얻었습니다. 그의 시는 사랑, 죽음, 신앙, 인간 존재의 유한성 등 보편적인 주제를 깊이 있는 성찰과 독특한 비유로 다루는 특징을 보입니다.

15장 선정 시인

알렉산드르 푸시킨(Alexander Pushkin, 1799-1837): 러시아의 낭만주의 시인이자 극작가, 소설가입니다. 러시아 현대 문학의 아버지로 불리며, 그의 작품은 러시아어의 문학적 발전에 지대한 영향을 미쳤습니다. 삶의 희로애락과 인간 내면의 깊이를 섬세하게 다루는 시를 많이 남겼습니다.

월트 휘트먼(Walt Whitman, 1819-1892) : 미국의 시인으로, 미국의 자유롭고 민주적인 정신을 노래한 중요한 인물입니다. 대표작 『풀잎(Leaves of Grass)』은 개인과 자연, 우주와의 연결성을 강조하며 자신을 있는 그대로 긍정하고 사랑하는 메시지를 담고 있습니다.

참고문헌

골드버그, 나탈리(Natalie Goldberg). 『뼛속까지 내려가서 쓰라』(*Writing Down the Bones: Freeing the Writer Within*). 한문화, 2000.

골먼, 대니얼(Daniel Goleman). 『EQ 감성지능』(*Emotional Intelligence*). 웅진지식하우스, 2008.

김소월. 「엄마야 누나야 강변 살자」. 『개벽』, 1922.

김소월. 「진달래꽃」. 신조사, 1925.

김억. 「봄은 간다」. 〈태서신보〉, 1918.

김영랑. 「돌담에 속삭이는 햇발」. 『시문학』 2호. 1935.

다마지오, 안토니오(Antonio Damasio). 『느낌의 발견: 의식을 만들어내는 몸과 정서』(*Looking for Spinoza: Joy, Sorrow, and the Feeling Brain*). 북이십일 아르테, 2023

던, 존(John Donne). 「누구를 위하여 종은 울리나」(For Whom the Bell Tolls). 1624.

라히리, 줌파(Jhumpha Lahiri). "A Temporary Matter." *The New Yorker*, 1998.

르두, 조지프(Joseph LeDoux). 『느끼는 뇌』(*The Emotional Brain: The Mysterious Underpinnings of Emotional Life*). 학지사, 2006.

로비슨, 존 앨더(John Elder Robison). 『나는 감정이 없다고 생각했습니다』(*Look Me in the Eye: My Life with Asperger's*). 동아엠엔비, 2019.

루미(Jalāl ad-Dīn Muhammad Rūmī). 「여인숙」(The Guest House). 13세기.

리버만, 매튜(Matthew Lieberman). 『사회적 뇌 인류 성공의 비밀』(*Social: Why Our Brains Are Wired to Connect*). 시공사, 2015.

릴케, 라이너 마리아(Rainer Maria Rilke). 「가을날」(Herbsttag). 1902.

마짜, 니콜라스(Nicholas Mazza). 『시치료 이론과 실제』(*Poetry Therapy: Theory and Practice*). 시그마프레스, 2023.

먼로, 앨리스(Alice Munro). 「곰이 이쪽 산으로 건너왔다」(The Bear Came Over the Mountain). *The New Yorker*. 1999.

버틀러 예이츠, 윌리엄(William Butler Yeats). 「그대 늙었을 때」(When You Are Old). 1893.

브룩스, 앨리슨 우드(Alison Wood Brooks). "Get Excited: Reappraising Pre-Performance Anxiety as Excitement." *Journal of Experimental Psychology: General*, 143(3), 2014, pp. 1144-1158.

블레이크, 윌리엄(William Blake). 「순수의 전조」(Auguries of Innocence). 1803.

손원평. 『아몬드』. 창비, 2017.

셸리, 메리(Mary Shelley). 『프랑켄슈타인』(*Frankenstein; or, The Modern Prometheus*). 현대문학, 2009.

시겔, 대니얼(Daniel Siegel). 『마음을 여는 기술』(*Mindsight: The New Science of Personal Transformation*). 21세기북스, 2011.

아폴리네르, 기욤(Guillaume Apollinaire). 「미라보 다리 아래」(Le Pont Mirabeau). 1912.

안도현. 「너에게 묻는다」. 『너에게 묻는다』. 창작과비평사, 1989.

애커맨, 다이앤(Diane Ackerman). 『사랑의 백 가지 이름』(*One Hundred Names for Love*). 뮤진트리, 2013.

앤젤루, 마야(Maya Angelou). 『새장에 갇힌 새가 왜 노래하는지 나는 아네』(*I Know Why the Caged Bird Sings*). 민음사, 2006.

오규원. 「살아 있는 것은 흔들리면서-순례 11」. 『순례』. 문학동네, 1997.

윤동주. 「자화상」. 『하늘과 바람과 별과 시』. 정음사, 1948.

워즈워스, 윌리엄(William Wordsworth). 「수선화」(The Daffodils). (*Poems in Two Volumes*). 1807.

웰스, 에이드리언 외(Wells, A., & Matthews, G.). Modelling cognition in emotional disorder: The S-REF model. Behaviour Research and Therapy, 34(11-12), 1996, 855-866.

이바시키나, 마리야(Maria Ivashkina). 『당신의 마음에 이름을 붙인다면』(*I feel that way, too!*). 책 읽는 곰, 2022.

젠들린, 유진(Eugene Gendlin). 『포커싱』(*Focusing*). 팬덤북스, 2017.

정지용. 「그의 반」. 『정지용 시집』. 박문서관, 1935.

정현종. 「비스듬히」. 『견딜 수 없네』. 문학과지성사, 2013.

정호승. 「산산조각」. 『이 짧은 시간 동안』. 창비, 2004

카밧진, 존(Jon Kabat-Zinn). 『마음챙김 명상과 자기치유 상·하』(*Full Catastrophe Living: Using the Wisdom of Your Body and Mind to Face Stress, Pain, and Illness*). 학지사, 2017.

티스데일, 사라(Sara Teasdale). 「대답」(The Answer). (*Love Songs*), 1917.

페니베이커, 제임스(James Pennebaker). 『표현적 글쓰기』(*Expressive Writing: Words That Heal*). 시그마프레스, 2010.

펠드먼 배럿, 리사(Lisa Feldman Barrett). 『감정은 어떻게 만들어지는가』(*How Emotions Are Made: The Secret Life of the Brain*). 생각연구소, 2017.

프로스트, 로버트(Robert Frost). 「가지 않은 길」(The Road Not Taken). (*Mountain Interval*), 1916.

프롬, 에리히(Erich Fromm). 『사랑의 기술』(*The Art of Loving*). 문예출판사, 1999.

푸시킨, 알렉산드르(Alexander Pushkin). 「삶이 그대를 속일지라도」. 1825.

한강. 「괜찮아」. 『서랍에 저녁을 넣어두었다』. 문학과지성사, 2013.

한용운. 「님의 침묵」. 『님의 침묵』. 신문관, 1926.

호맨, K., 외(Hoemann, K., et al.). "Arousal modifies the distinctiveness of emotional meaning". *Emotion*, 20(8), 2020, pp. 1494-1506.

헉슬리, 올더스(Aldous Huxley). 『멋진 신세계』(*Brave New World*). 문예출판사,

2004.

휘트먼, 월트(Walt Whitman). 「너 자신의 노래」(*Song of Myself*). *Leaves*, 1855.

가슴으로 시 읽기

: 멈춤과 깨어있음의 미학

초판 1쇄 인쇄 2025년 9월 9일
초판 1쇄 발행 2025년 9월 16일

지은이 이강선
펴낸이 김재광
펴낸곳 솔과학
편 집 바다
영 업 최희선
디자인 본문·표지 장덕종
등 록 제10 - 140호 1997년 2월 22일
주 소 서울특별시 마포구 독막로 295번지 302호(염리동 삼부골든타워)
전 화 02)714 - 8655
팩 스 031)422 - 4656
E - mail solkwahak@hanmail.net

ISBN 979 - 11 - 7379 - 031 - 7 03810